本局編輯部

# 吳佩孚傳

中華書局印行

# 吳佩孚傳目錄

# 吳佩孚傳

## 逃出故鄉

提筆寫『吳佩孚將軍傳』假使用如下之筆調：『吳佩孚字子玉，山東蓬萊人也。少孤，太夫人課之嚴，以是養成其剛毅不屈之個性。妻李氏事姑至孝，有『玉美人』之目。弟文孚初亦習儒，後碌碌以沒。將軍無子，以弟之子道時爲嗣。』這未免太老調而乏味了。

要寫吳將軍歷史須從投筆從戎時說起；在這階段之前，將軍雖應登州府試，得中第二十七名秀才，實與市井常兒無異，無著力描寫之必要。將軍從戎的動機非由於所謂『少年懷抱大志』，他是窮秀才，大烟抽上了癮，因大烟闖了一場大禍，因而逃出故鄉來，因而以吃糧當兵爲其避禍安身之計。假使不抽大烟，也許他後來不會造成其『虎踞洛陽』的地位，也許鬱鬱居故鄉以死，與春花同落，秋草同腐。

登州著名『八大家』即孟子所謂『巨室』，現代所稱爲『土豪劣紳』之類。其中最有勢力的一家叫翁欽生，以經商起家，其分店遠及東三省一帶。朝內有人做官，他本人與地方官府亦通聲氣，府城裏視爲一個了不得的人物。那時烟館林立，其中有『雅座』與『普通座』之分：雅座是單房，坑上鋪著大紅毯，是留給特權階級客人享受的。那時不論富翁或窮漢都不喜在自己家裡開燈，往往呼朋引類到烟館裡抽得滿屋子烏烟瘴氣，認爲不如此不算過癮，頗像近年來北平及廣州人坐茶館的風氣。吳秀才屬於窮漢一類，只能在『不雅之座』行走，不敢與八大家並肩而坐。

一天，吳的烟癮發作，一足跨到烟館來，因『不雅之座』客滿，乃與店夥商量，想在雅座內借抽幾口，抽完後馬上就走。店夥泛著一雙白眼說：『雅座有是有一間，翁爺獨個兒躺著打瞌銃，可是咱們不敢讓你拼進』。吳連聲說：『翁爺是熟人，我過過癮馬上就走，讓我自己和他商量』。

吳掛著一副笑臉走進了那間雅座。翁只微睃了一眼，懶懶說道：『老二幹嗎？』吳委婉地說明來意，翁『呸』了一聲，把腳伸直用力一踢，道：『滾！』

吳一言不發，低著頭走了出來，店夥們報以輕蔑眼光。

除『八大家』之外，登州府著名人物還有所謂『九虎』，是指一羣興風作浪的訟棍，大概都是些窮而無賴的不第秀才，官府視爲敗類，『八大家』對之亦有三分畏懼，正合着『闊老怕光棍』的一句老話。一天，這個『不第秀才集團』來了個請求入盟的正式秀才，大家認得是吳老二，問他『幹嗎要加入？』吳重重地吁了一口氣，把烟館受辱的事述了一遍，請大家想主意代打不平。這些人都是天不怕地不怕的漢子，豈有袖手之理？他們都拍著胸脯說道，『好吧，咱們等著機會，讓那個狗雜種知道利害！』

事有湊巧，翁老太太做壽開堂會，滿城官員無不登門拜賀。吃完了壽筵，男女賓分坐兩壁聽戲，正聽得津津有味之際，十虎假『拜壽』爲名闖入臨時劇場，演了一幕『大鬧天宮』的怪劇：向女賓做盡種種醜態，嚇得她們沒命亂竄。氣得翁圓睜怪眼大呼道，『來呀，快把這般痞棍綁到知府衙們去！』

秀才造反不過那麼一回事，怎當得如狼似虎的豪奴，十虎俄然變成了十隻老鼠——抱頭鼠竄而出。吳老二溜得快，卻做了漏網之魚，同夥中有幾個做了甕中之鱉。翁打聽得禍首是吳，囑託府尊指名拿辦，吳在故鄉不能安身，倉皇逃往北京。茫茫然又像喪家之犬。吳在旅途中想著：『劣紳誠然可恨，大烟尤爲敗國亡身的媒介。』他從此恨劣紳，同時把大烟當做了終身之敵。

北京崇文門外巾帽胡同『隆慶棧』是蓬萊人所開的，（該棧迄今仍在，已擴充爲東西兩棧，且附設兩個京菜館，更名曰隆慶軒。）那天來了個客人是茫茫無歸的吳秀才，店主人孫老頭知道他身邊沒有一個『大』，念在『老鄉』份上，姑且讓他住店，卻不許白吃白喝。他拍著吳的肩頭說，『伙計，你這個秀才名頭有何用處？飢不足爲食，寒不足爲衣，得改行混口飯吃才對呀！』吳苦笑著說，『我什麼不會，光會寫春聯算命』。孫說，『寫春聯不濟事，一年到頭只有幾天好寫。還是算命的好』。

從此吳在崇文門外搭起課棚來，以六爻卦餬口。飯雖有得吃，可是吃得並不飽。生意好時回棧吃乾飯，生意不好時店主人只許吃稀飯，而且整天在曠地中喝著呼呼獵獵的北風，說著渺渺茫茫的鬼話。吳生平不嗜皮簧，不懂得譚腔汪調，可是他那時偶然也哼上『賣馬』的一段。

一天，一位口操蓬萊音漢子踱到課棚邊。吳拱拱手說，『老鄉，你問的啥事！』那人噗嗤一笑說，『老弟，連你堂哥哥都不認識了嗎？』吳抬頭一看，果然是多年未見的堂兄亮孚。臉上不覺害臊。亮孚說，『昨天我從這兒路過，遠看像你，近看更像你，越看越像你，後來簡直地認定是你。今天咱們喝幾盅去』。

吳收起課棚，隨著亮孚走到一家杏花村小館，喝了幾杯黃湯，腰花、肚尖之類，塡塞了多年不知肉味的枯腸，覺得頭腦昏昏然，身子飄飄然，有一飯難忘之感。亮孚望著他的堂弟嘆氣說，『兄弟，聽我說，人要往高處爬，算命那有出息？老弟年紀說小不小了。依我看，萬般皆下品，唯有從軍高。你能聽我的話，不是我說句奉承老弟的話，三年五載你不戴紅頂子，前呼後擁，馬蹄得得，就算我吳亮孚瞎了眼睛』。吳聽了心裏一動，但沒說什麼。漸漸地越談越對勁，黃湯湯越喝越多。臨別時亮孚從腰包裏掏出幾錠銀子給吳說，『莫遲徊，別了店主東，燒了課棚，快快投軍去！』

# 從戎

北洋第三師是吳的『黃金屋』，先得把該師根底敘述一下：說話庚子事變後，天津不許駐兵，清廷迫不得已，以『巡警營北段』維持天津秩序，係一種變相的軍隊。光緒三十年袁世凱改編『巡警營』爲北洋第六鎮，以馮國璋爲統制（第六鎮即第六師，統制即師長。）是年四月，第四第六兩鎮舉行秋操後，第六鎮改番號爲第三鎮，馮國璋外調，以段祺瑞接任統制。三十一年九月，該鎮駐防娘子關時，第九標一個兵士打了洋教習一記耳光，全標鼓噪起來，洋教習吃了一場啞虧，控段治軍不嚴，袁下令撤換，以段芝貴升任。三十二年芝貴因案免職，仍由段祺瑞回任。三十三年該鎮調往關外駐防長春南嶺黑嘴子，其時段又辭職，繼之者爲旗人鳳山，不久由曹錕升補。宣統二年仍在東三省擔任勦匪，三年調回關內，仍駐娘子關，監視北方革命行動。民國元年第三鎮改名第三師，曹錕仍任師長。

兵的種類很多：除步兵、騎兵、工兵、砲兵、輜重兵各部門之外，戰鬥兵是清水底子，下焉者有傳令兵、勤務兵種種。勤務兵即軍中聽差之謂。吳以文弱書生受了堂兄的鼓勵，於光緒二十四年往投武衛軍前軍統領聶公庭（字士成，駐天津）帳下，因體弱未入選，僅僅補了個供人驅使的戈什哈。庚子年武衛軍全軍潰散，吳流蕩到保定，二十八年六月十三日回到天津投入巡警營仍供原職。

膠縣人郭緒棟字樑丞，學書不成，學劍亦失敗，遂往天津在巡警營當起『文案師爺』來。一天，郭命戈什哈賫送公文一件，那個戈什哈偶然翻開來一看，口中咕噥著說，『這個典故用錯了。』

『你說什麼？』郭夫子半生氣半帶疑地問道。

『我說師爺用典錯誤。』

『你說我錯，在那兒？』

『就是這一句。』

郭自己檢查了一下，還不明白錯在那裏，再把詞典翻開一查，果然說得牛頭不對馬嘴。他暗暗慚愧，把那個戈什哈叫近前來一看，是個單怯怯的書生模樣，郭問，『你唸過書？』

『唸過。』

『考過秀才？』

『中過。』

郭又叫了聲『慚愧。』他不禁太息著說，『人說秀才遇着兵，我今天是在兵裏頭遇着秀才了。你是秀才，我還是不第秀才，好意思叫你做我的用人嗎？』

乃命吳同桌吃飯，吳惶恐不敢。郭說『那就是不夠朋友，太看不起小可了。』吳見他一片赤忱，只好抱著『恭敬不如從命』的見解，不料引起了一場小風波：同桌都是些尉官階級的軍佐，羞與吳爲伍。往日他們聽得吹號吃飯時無不爭先恐後，可是現在呢，千呼萬喚呼之不出。現代有『罷工罷市』，他們鬧的是『罷食』，現代『罷工罷市』是抵制資本家，他們是抵制卑卑在下的戈什哈同桌吃飯。

善於嘆氣的郭不禁重嘆一口氣說，『他們不屑與你爲友，其實呢他們那裏夠得上？話得說回來，枳棘非棲鳳之所，我得替你想想出路。』

當兵非出路，當戈什哈更非出路，當軍官學生才是獵取功名的唯一捷徑。郭向他的上司段芝貴大大吹噓了一番，保送吳入開平武備學校。吳又遇了難題：過去投軍以體弱被黜，這次入學試驗又以面窄腰細，望之不似武夫，幾不得其門而入。——中國人的臉蛋兒有幾種妙用：『面如傅粉，唇若塗朱』之流宜於博美人之青睞，方面大耳者宜於戈金紫而居權要，面黑身粗鬚髯如戟的彪形大漢則宜於建高牙而擁大纛。吳的翩翩風度是擲果偷香之一類，下操時德籍教授常以其姿式不合，罰令躺在地下，用鎗壓在他的身上以示警。

郭常常向人說，『子玉前程無量，咱們將來還得仰仗他。』他和吳磕頭拜把子，給他零用錢，每逢星期日請在二太太（如夫人戈氏）家裏大吃大喝一頓。戈氏笑著向吳說『說句話你別惱，你大哥說你將來能做大事，我看你和咱們娘兒們並無兩樣，走起路來扭扭捏捏，那裏像個坐八抬大轎的樣兒？』後來戈氏到洛陽又向她的手帕交說，『我想起從前的話，怪不好意思見他。』

吳以體力關係改入測量科。那時袁世凱與日本勾結，其日籍顧問守田是日本駐華軍事間諜領袖。光緒二十九年四月日俄之役，守田情報工作頗爲得力。事前袁從軍官學生中挑選一批幹員分赴滿州一帶刺探消息，其中最著者有吳與陳大有、陳中孚、崔子尉、崔子肅、宮天鵬等十人一組，中孚、子尉都說得一口好日本話。那時烟台大連間尚無火輪通行，他們乘著大帆船往來，打扮作買賣人模樣。

一天，舟行於和風麗日下，大家在船舷上曝着陽光，閒談消遣。當中一人說『今天好天氣，求求風姨莫來。』吳冲口說，『什麼風姨，她來了，我口她！』從前航海人迷信最深，好像全舟性命繫於風伯海神之手，吳一時不檢點，觸犯了風姨，不啻與全舟人爲敵，崔子肅厲聲斥之道，『冒失鬼，船出了事，看我有得揍你！』

# 當了管帶

吳以『第五縱隊』之功，任務完成後調派第三鎮上尉見習員，光緒三十二年升任第十標第一營督隊官（一名幫帶，即今之營附，那時營長呼爲管帶）。是年冬季升爲管帶，三十三年隨營到關外。

一天，吳帶了二十名盒子炮從北京領餉回到長春來，剛下火車站，無意中遇著翁欽生：翁到長春來料理店務，正作南歸之計，忽覺眼前晃著一道人影，赳赳戎服，遠看像吳佩孚，近看更像吳佩孚，走攏來一看，不是吳佩孚是誰？他想，『數年未見，怎麼窮秀才倒變成神氣十足的軍官了。我和他是冤家，得躲避他才對。』

『欽生！』吳接二連三地喚著翁的名號，吳的聲音越叫越大，翁的膽量越嚇越小，嚇得臉和唇都烏了。吳問『上那兒去？』翁囁嚅着說，『上大連。』吳說，『住幾天再走。』翁說，『可是……我很忙，將來到長春時再來拜會你。』

吳執意不放走，吩咐衛兵把翁拉到營盤裏。翁臉上泛著蒼白，拖著沉重的腳步，一面走一面想著：『烟館裏踢一腳不算，還把他趕出蓬萊縣，今天至少報我五十大板。』

可是吳的想頭卻與之不同：『沒有翁的一腳就不會逃出蓬萊，不離開蓬萊窮秀才還是窮秀才，就不會投軍由戈什哈做到管帶』。他不但不把翁當做仇人，反與之殷殷話舊，請他吃飯，並且請他帶信回家：吳自離家以來，忽忽已數寒暑，這還是第一次家報。他的老母和媳婦兒都以爲他作異鄉之鬼了。

翁盤桓了幾天之後，吳替他買車票且送上火車。翁到蓬萊後逢人游揚：『吳秀才做了大官了。他不念舊惡，還和我做了知交』。

# 風流只此一次

吳把太夫人、妻李氏、弟文孚都接到長春來住在張家大店，這屋子是吳的督隊官（營副）張福來替他物色好的。吳與李氏住耳房，老太太和文孚住正房，和店主人張家大坑相連。

張家大姑娘（佩蘭）長得肥頭大臉，說美不美，說醜亦不醜。她每天和吳老太太廝混在一塊兒，親熱得像母女，後來索性拜老太太做乾媽，叫吳乾哥哥。每當乾哥哥從營中歸來時，她總是露著一副迷迷笑靨，問暖噓寒，較之嫡親兄妹有過無不及。本來吳的相貌是擲果偷香之一類，管帶在長春人看起來也算是有權有勢的地位，大姑娘及笄之年，想由『乾媽』這道橋樑投入乾哥哥懷抱。

『英雄難過美人關』一個血氣方剛的青年碰着個熱情奔放的少女，溫軟的光陰一天天過下去，吳不自覺地浮泛於愛河情波之中。他對著豐滿紅潤的面龐，再想到太夫人的正言厲色，清癯的身子不由得索索抖戰起來。

吳自比關岳，他手下有一位隊官（連長）牛起順（天津人）卻以牛皐自居。他早已窺破吳的幻想，一天涎皮賴臉地向吳說：『咱牛皐是藥中甘草，管帶倘有驅使，火裏來，水裏去，在所不辭。』吳怔了一怔說，『現在沒到打仗的時候，除例操外我無任何差遣。』牛傻笑著說『管帶不用瞞咱，您的家事比衝鋒打仗更難解決，小將不才，願助您一臂之力。』

吳頗想板起上司面孔禁止仙搖脣鼓舌，繼而一想，牛皐確是個粗中有細的漢子，必要時不妨讓他打打圓場。牛皐見他無慍色，知道是用得著他的了，遂一面向張家說媒，把大姑娘嫁給吳管帶做二房，張家自然不會不答應。一面另租公館，準備舉行嘉禮，他主張用『封鎖政策』把吳家一屋子人瞞在鼓裏，到生米煮成熟飯時再說。

那天正在吹吹打打的時候，驀然老太太帶領兒媳和文孚等找到新巢來，老太太煽著一股怒火，李氏臉上紅得像炙炭，文孚眼眶中射出一道凶光，一對新人都嚇得軟了半截。老太太帶著淒咽的聲調說，『好兒子，你幹嗎和乾妹妹拜起天地來了？』李氏說，『好妹妹你幹嗎做起新娘子來了？』文孚撇著嘴說，『什麼乾哥哥乾妹妹，分明是一對狗男女。』

吳陪著笑臉說，『老太太別生氣，兄弟別罵，我事已至此……』

文孚指著他哥哥鼻子罵道，『我偏要罵，罵你不要臉。』

牛起順鑽出來哈哈大笑道，『老太太、太太、三爺，快別鬧，鬧了給人家笑話。太太沒養兒子，管帶娶二房不算犯法。來來來，大家見見禮，吃杯喜酒去。』

文孚從鼻管裏哼了一聲，『你什麼東西——逢迎長官的醜鬼。』

牛臯大發雷霆：『你是什麼東西，敢罵我！』

文孚劈頭就是一拳，牛臯閃得快，回敬一腿，兩人揪打起來。李氏在旁淌著淚，張大姑娘嚇得躲在屋角裏發抖。

吳向四面陪著小心說，『一切都是我的不是。你們打的別打，罵的也別罵了，到這地步大家不原諒我也不成。』

太夫人明知本已成舟，首先打了退堂鼓，吳的戀愛劇終於突破了家庭難關。

## 首次入湘止於岳州

民國成立後，第三師調駐南苑，曹錕仍爲師長，曾演『南苑兵變』之一幕：其時革命黨人爲避免流血起見，推舉袁世凱爲總統，派員迎之南下，袁恐南下後將受制於黨人，而口頭上又無戀守老巢之理，乃密令曹等要了一套『奉令兵變』的戲法，然後假口以北方治安爲重，婉拒南下之請。時吳已升任砲兵團長，由娘子關移駐長辛店古廟中（民國元年一月十三日第三鎭砲團劉團長所部在娘子關譁變，劉奉令撤職，以吳繼任）。二年二次革命後，袁削除民黨勢力，以海軍中將湯薌銘督湘（袁呼爲中將湯），令曹錕以長江上游總司令名義率第三師駐岳州，爲之聲援。吳以團長左遷爲師部副官長，氣得幾次想走，副官長一席，其地位雖頗重要，可是軍營中往往把它當做馬弁頭兒，任職者以巧言令色爲必要條件，呼之爲牛不敢應之爲馬。像吳這個氣概洸洸的奇男子，其個性與其地位恰恰相反，不但他自己想不幹，他的長官也覺得他是個『不稱職』的副官長。

天下事往往在極端絶望中閃出堆花疊錦的新希望來。一天，長沙某團體開會，湯督與各軍將領均出席，吳代表第三師師長致詞，湯聽了大加稱賞。不久曹到長沙來拜會湯督，湯向曹說，『三哥你手下有個出類拔萃的人才，請你介紹給我，我學借將的故事何如？』曹問，『誰？』湯說，『就是你的副官長吳子玉。』曹『哦』了一聲含含糊糊地應著。他平日深佩湯鑄新眼力過人，回到岳州後馬上把吳叫過來談了一會，看不出他是個出類拔萃的人物，可是他覺得湯的賞識是不會錯的，與其楚材晉用，何如楚弓楚得？曹生平的嫵媚處在此，用人不求甚解，一口氣竟保薦吳升任第六旅旅長，事無鉅細，必以諮詢。第五旅旅長張學顏艴然不悅，以爲『子玉區區馬弁頭耳，今竟與我分庭抗禮，將來難保不爬在我頭上。』這是後來張與第三師脫離關係的一道伏線。

吳以湯一言之力受曹特達之知，更以湘紳一席話奠定了問鼎中原的霸業。岳州紳士某進言於吳：『外傳湘人富於排外性，實則湘人重氣節而輕死生，倘北人以征服者態度高壓湘人，則楚雖三戶，亡秦必楚；反之如以合作手段延攬三湘豪傑，約束士兵毋許動民間一草一木，書謂撫我則后，湘人必翕然歸之矣。』吳聽了這番話，不覺肅然起謝。

民國四年籌安會起，袁世凱僭號稱帝，蔡松坡起義雲南。袁恐川督陳宧不可恃，令曹以『援川』名義駐重慶，監視陳的行動。陳部有三混成旅，旅長爲馮玉祥、伍祥禎、李炳之等。當時陳與湘督湯薌銘爲勢所迫，對袁宣布獨立，袁怒，免其成武將軍之職（其時都督改稱將軍，陳駐成都，故授爲成武將軍）以重慶鎭守使周駿爲重武將軍，實卽以周代陳之意。五年六月六日袁氣死在新華宮，黎黃陂以副總統依法正位，陳與黃陂同爲鄂人，首先取消獨立，他卻不曾想到取消獨立後既失其都督名號（起義各省均恢復都督名號）又不能恢復將軍的地位，所以周駿打著重武將軍旗號演『取成都』之一幕，馮玉祥迎戰不利，李炳之在重慶被曹扣留，陳只得率部倉皇出走。因重慶有曹周兩部扼守，遂取道綿陽，又以道路險仄，人馬困頓異常。曹陳雖處於對敵的地位，但陳既決心離川，曹有意送個順水人情，勸他改取水道出川，陳遂下令由綿陽轉趨重慶，他的部屬都出來諫阻說，『不要中他的計，切莫自投虎口』。陳堅決地說，『豈有忍人曹仲珊？』他放心大膽地通過了重慶，曹果然按兵不動，絕無『落井下石』之舉，只有馮玉祥仍由綿陽取道劍閣北上，從此與陳脫離關係。陳部到宜昌後自動解散。

# 二次入湘止於衡州

帝制失敗，五年七月第三師班師保定，曹授直隸督軍，為段閣健將之一，主張對德宣戰甚力。不料黎段府院之爭，釀成了民六解散國會及張勛復辟的大怪劇，曹在段領導下與段芝貴、李長泰等起兵平亂，迎副總統馮國璋繼黎之後。段性最褊窄，接著又有馮段之爭，皇皇不可終日。段內閣欲貫澈其『武力統一』政策，六年九月令湘督譚延闓改任省長，簡其戚傅良佐（時任陸軍次長）督湘，譚部將林修梅、劉建藩遂在零陵宣布獨立。不久桂軍譚浩明大舉援湘，傅被驅走，段赫然震怒，派曹錕、張懷芝為兩路司令，分山鄂贛攻湘，曹以湘贛川粵四省經略使名義駐漢口，命吳代理第三師師長兼任前敵指揮，率一師三混成旅南下，一師即第三師兩旅（第五旅旅長張學顏、第六旅旅長吳佩孚）三混成旅旅長為王承斌、蕭耀南、閻相文等。

前面說吳是『第五縱隊』的老前輩，他又是『閃電戰』的開山老祖，譽之為『用兵如神』誠未免言過其實，但『不怕死』是他的最大本領：早年臨陣時往往頭裹青布，騎著一匹駿馬，馬蹄得得，身先士卒，這是他戰勝攻取的唯一因素。他的個子越長越瘦，眼睛越顯得大而有神。當七年『春季攻勢』發動後北軍衝進長沙時（四月一日）他一馬當先，較之當年窮途落魄的酸秀才神氣自不可同日而語；他越打勝仗進兵越快不使對方有集合整理的機會，所以他下岳州入長沙、直趨衡陽一路勢如破竹，爲期不及三個月，加以湘桂將領內訌，岳陽既挫，月波聯帥（譚浩明字月波時號稱湘桂聯軍總司令）引兵回桂湘軍益無鬥志，造成了吳一舉成名的良機。

第五旅長張學顏的資格較吳爲高，吳以第六旅長代理師長，張不禁爲之眼熱，張入湘潭時以旅長名義遍貼安民布告，吳召張聽訓，張推說抱病，吳自往旅部責張不應以旅長名義出示安民，張忿然說『難道你代理師長不出面，就不許我正式旅長出示安民嗎？』吳一怒而走，打電報給曹錕說張不聽約束，曹調張赴漢另候差遣，以團長董政國升任第五旅長，張福來爲第六旅長，此外三混成旅第一旅長爲王承斌，第二旅長爲閻相文，第三旅長爲蕭耀南，吳則由『代理師長』改爲『署理師長』。

曹以爲論功行賞，湘督非吳莫屬，不料段把這一席畀予未建寸功的皖人第七師長張敬堯，這是段不善將將及缺乏政治手腕的明證。張縱兵殃民，湘人謚之爲『民賊』，吳則凜於岳紳『湘人可撫而不可虐』之戒，以治軍嚴肅稱。同係北軍同處湘境，而一暴一仁，兩兩對照，暴者乃愈形其暴，仁者愈見其仁。吳到衡陽後忽頓兵不進，與湘軍譚趙諸將爲羊陸之歡，信使往還，別有天地，吳以區區師長立於舉足輕重之地，大爲國人所推重，這是民國史上罕有的奇跡。段疑其有異志，實授爲第三師長兼銀孚威將軍之名以資籠絡，授意「討伐」兩廣後將以粵督一席爲酬。吳的主見則有三點：第一，持盈保泰的做法。他明知北人不服南中水土，離鄉愈遠則思歸更切，苦征不已則軍心渙散，不但驅湘軍作困獸之鬥，尤慮粵桂痛感切膚，西南聯爲一體，那麼北軍不敗則已，一敗將頹然不可復振，所以他主張軍事上『適可而止』。第二，他看到段閣受羣小包圍，北洋諸將驕奢淫佚，他視第三師爲北洋正統，隱然以移風易俗及復興北洋系爲其職責。第三，他看到外交問題之嚴重，不願續有同室操戈之舉。他在衡州賦詩飲酒之餘，偶然談及時政，以官吏不賣國、武人不爭地盤及召集國民大會爲解決國是的三大條件。

# 國民自救運動

七年段召集安福國會，九月四日選舉徐世昌爲總統，自居太上政府之地位。他假名參戰與日本簽訂若干密約，大借外債編練參戰軍。他在北洋三傑中原有剛正不阿之美譽，其令名自是而衰。其時馮國璋以長江諸督爲其羽翼，北洋派分裂爲直皖兩系。段欲練新軍造成其『迪克推多』的地位，故去馮而以徐爲傀儡。那知徐亦不甘以傀儡自居，暗中惡段而親直系。七年八月二十一日，前敵師長吳佩孚發表『息爭禦侮』的電報，西南聞風響應，徐借此機會於七年十一月下令停戰，與軍政府合組南北和會於上海。北方總代表朱啓鈐、南方總代表唐紹儀等於八年二月二十日召開第一次會議，乃以陝西問題（陝督陳樹藩不聽約束仍與靖國軍作戰）及參戰借款問題（南方主張停止假口對外而係用以對內的參戰借款）和會僅開六次。至五月十四日南代表提出（一）不承認巴黎和會關於山東問題之決議案，（二）不承認中日一切密約，（三）懲辦簽訂密約者，（四）不承認民國六年六月十三日的解散國會令，（五）承認徐世昌爲臨時總統至國會正式選舉總統之日止等等條件，北代表不允接受，於是南北代表宣布總辭職，而和會竟告流產。

這當中穿插有民國歷史上驚心奪目之一事：一方外交失敗，一方則內爭不息。當局迄無悔禍之誠意，對外委曲求全而對內殘民以逞，激起了八年五月四日北京學生毆打曹（汝霖）章（宗祥）陸（宗輿）的大風潮。這風潮馬上蔓延全國，成爲『國民自救運動』而北廷斥之爲『學閥操縱學匪干政，不啻另一義和團之出現』。那時遠戍衡陽的吳受了救國熱情的驅使，一面援救被捕學生，痛數曹章陸等之賣國行動（該電直接打給徐），一面願負弩前驅移師對外，其電中有云：『以有用之兵置諸無用之地，玩歲愒日，壯志全消。……』他的電報越打越多，一次比一次激烈，主張取消中日密約，召開國民大會、反對簽字和約（指巴黎和會對膠州之決議案）、敦促南北代表賡續談判等等。總之他的主張完全站在民衆之前，其動機純由救國救鄉之一念（他是山東人），所以國人視之爲『民族救星』，而段的眼光中則認爲『北洋系之一叛徒』。

徐在段的高壓下進退失據，不得已於八年六月十三日向國會宣布辭職，並解除其心腹錢能訓的國務總理一職，以財長龔心湛代理閣務。當然徐無求去之決心，但段早亦不滿於此老之『忘恩反噬』（徐主持南北和議非段所喜），遂以王揖唐繼朱啓鈐之後爲北方議和總代表，一面改參戰督辦之名爲邊防督辦。十二月二十九日馮國璋病逝津門，他以爲他從此成了北洋系唯一領袖了。

## 電戰

民國八年五四運動是中國新時代的浪花，侵蝕了軍閥政治的堤岸。當時魯案未解決，中日軍事協定未廢止，段政府擅借日款成立邊防軍，以徐樹錚爲西北籌邊使，邊防軍內有日本軍官教導團，同時安福系欲包辦南北和議，以該系首領王揖唐爲北方議和總代表，這些事湊合起來使向來安天樂命順『帝』之則的中國人不能再容忍下去，從絕望眼光中發出一片怒吼：以學潮爲急先鋒，繼之以各界請願團在新華門死守不去，這風氣由北京波及津滬，推而至於全國，各省推派總代表聯合北上請願，紛紛組織學生聯合會、各界聯合會等團體進行抵貨、罷工、罷市、罷課運動，北政府忙於逮捕請願代表，禁載請願新聞，造成了空前的不寧局勢。

段以『督軍團』爲工具向黎馮採取攻勢，軍人干政由是開其端。當時報紙滿載軍人干政電伐異黨同，徒逞私臆而置國家利害於不顧。吳處此氛圍下雖屢有建議，卻完全站在國家立場，戛然不同流俗，所以事實上他是革命者，僅未高張革命軍之旗幟耳。八年八月卅一日他警告北政府：『自王揖唐任議和總代表以來，惡聲不絕，天下耳目非一手所能掩，全國心理非一人所能制，雙方和議非一人所能專。佩孚等鑒於時機危迫，未敢撐持重任，特此奉告。』該電明明有以『罷戰』爲抵制之意，與罷市、罷工、罷課異曲同工。此後他發表任何主張馬上風行全國，這因爲他的主張是全國所欲言而未敢言或言之而無效的，他俄然成爲時局動盪中的核心人物。

反對王的第一砲由北洋軍一個前敵師長發出，而敵方反做了他的應聲蟲——西南軍政府遲至九月五日才發表同樣主張，這是民國歷史上的一個奇跡。自然北政府覆電予以申斥，可是不申斥則已，一經申斥後激起了他再接再厲的勇氣，九月一日竟與當時對敵的湘軍將領譚、趙等會銜通電，九日又與湘、粵、桂將領譚延闓、譚浩明、莫榮新等會銜發表佳電，北廷爲之大震，『他竟投降了南軍嗎？』

倒運的是代人受過的龔代閣（心湛），他是段的代言人，吳就把一口毒氣呵在他的身上，一次，兩次，三次，把他罵得狗血淋頭。龔與之打筆墨官司，越打越打不清：他始而只罵王，繼而罵安福系，終至無所不罵，直把龔代閣罵倒爲止。北政府每做一件事他無不極口反對，而對南則露著伸手待握的姿態。

區區一師長『信口雌黃』，何以北廷僅加申斥而不敢下令撤職？這有多方面關係：第一，他的地位是當時北方所謂『南天柱石』，激怒了他怕他敞開大門來放出南軍；第二，他是曹的大將，當時『四省經略』的曹與『三省巡閱』的張（作霖）已有結合（曹弟與張爲兒女親家），不無投鼠忌器的心理；第三，時有馮（國璋）段之爭，馮以長江三督（江蘇李純、江西陳光遠、湖北王占元）爲背景，本人則高臥津沽，與曹聯絡，頗有舉足輕重之勢；第四，皖系又有靳（雲鵬）徐（樹錚）之暗鬥，靳爲持重派，主張採取『軟化曹吳』的政策。

段知北洋系行將土崩瓦解，一心一意的編練邊防軍，想造成個人獨有的新武力，所以他一再表示讓步，其步驟如下：（一）邀馮入京，以馮爲副總統，而自爲總理，爲合作條件；（二）令曹約束吳的行動；（三）九月二十四日以靳閣代龔閣。只是有一件——爲維持北廷威信計，王揖唐萬無撤換之可能。（按馮段合作未成而馮死。）

曹在表面上站在段吳的中間，段往這邊拉一把，吳往那邊扯一下。曹的地位近在肘腋下，不能像吳之劍拔弩張，所以他假裝著一副怒容，責吳不應『阻撓和議』，一面卻向北廷催索吳師欠餉，以爲不如此不足以平其氣。有人獻策於段：『吳之不馴，是未得湘督之所致，給他督軍做，萬事皆休。』段頗心動，遣吳光新赴湘試探吳的口氣，吳馬上提出『不要地盤』的口號來。

要地盤好辦，不要地盤就無法向之進行『綏靖政策』了。魯督張樹元、皖督倪嗣沖等請予吳以嚴厲之處分，段遲疑未決，只責成鄂贛駐軍嚴密監視其行動。且自靳閣登場後，首先是吳打來捧場電報，隨之而曹張兩使聯電擁靳，段爲之啼笑皆非。另一方面，日本公使小幡質問北廷，『靳閣是否將與西南聯合而將軍事協定取消?』靳期期不知所答。

九月十一日王揖唐驅車南下，抵滬時且向西南七總裁宣誓，『本人誓以至誠與西南謀和，有違此言，神必殛之！』然而魚行老闆還是魚行老闆，西南置之不答，匪惟不答而已，且暗受吳的指示有舍和言戰進兵贛湘之意。而吳呢，一則受了曹的『假訓斥』，諒解曹的環境，九月後果然守口如瓶；二則感於口舌力爭之無益，下了『直接行動』的決心，欲與西南組織『愛國同盟軍』，又欲隻手擎天——撤防北歸，單獨與皖系作戰，這時期外表上風波已平，一切返於靜態；實際是『萬木無聲待雨來』。

直到九年一月中旬，他才以『久戍疲勞』爲由輕輕巧巧地發出請求撤防的電報，另一電反對與日本直接交涉，措詞尙屬溫和。（日使小幡對魯案向北廷提出通牒，請由中日直接交涉。）

除對外問題發表主張外，吳在衡陽的一切行動亦值得一寫。吳與湖南有著難分難解的關係：第一次入湘時岳州爲其發跡脫穎之地，第二次入湘時衡州爲其揚眉吐氣之始。那時他的環境和個性都有劃期的大轉變，過去他是個落落寡合沈默寡言的軍人，同僚呼之爲『吳傻子』，沒一個看得起他，沒一個不討厭著他，他既無拳無勇，只能『我行我素』置而不較，那時他得力於一個『忍』字；現在他功成名就，竟然是雄辯滔滔的一流人物，高談春秋大義，狂呼愛國口號，國人愈推重他，曹的左右愈厭惡他，曹卻愈信任他常說『子玉是我最大的本錢，』所以恨吳的當面不敢說，只竊竊私議而已。吳過去並非循規蹈矩一流人物，駐長春時的一段佳話依然嘖嘖人口，自駐軍衡陽以來，卻變成了道貌岸然的老學究，惡鴉片如蛇蠍，視嫖賭爲畏途，其軍紀之佳在北洋團體中數一數二。有人說吳前後判若兩人，但吳過去無權責，雖細行不檢，不會影響到別人的頭上，後來爬到了『南天柱石』的地位，自覺前程無量，所以他要把自己做全軍模範，推而及於北洋團體。

吳治軍極嚴，違反軍令者死。某日命張福來率兵一團進占一座山頭，吳用鉛筆畫著地形，把原紙遞給福來說，『須照這路線進兵。』福來領著兵馬走到山腳下，知道上山有一條紆廻曲折的山路，他打開紙頭一看，筆尖直指山頂，福來連聲說『糟了糟了！』左右詢知原委，都說，『我們應循著山路走，難道叫我們攀藤捫葛而上？』福來說『咱們正得從直線攀登山頂，否則師長叫我們的腦袋搬家。』他咬緊牙關，帶隊爬上顫巍巍的高山，不到一刻鐘之久，湘軍趙部從側面包抄而來，正想佔領高地，遠遠望見山巔上飄動著吳軍旗號，以爲良機已失，且不明敵軍虛實，只得引兵退去。這裏是兩軍作戰的險要，假使福來繞著山路走，湘軍必捷足先登。後來福來逢人恭維『主將妙算如神，』實則偶然巧合而已。即此一節，可見吳的軍令之嚴。

吳在衡陽改取守勢後，近而張敬堯弄得烏烟瘴氣，遠而安福系、交通系把持政柄，各武人割據地盤，視軍隊若私人所有，促吳下了『革命行動』的決心。當王揖唐派周渤等赴湘辦理國會選舉時，吳把湘南紳耆及英彥之士叫過來說，『你們莫同流合汚，跟著我不愁沒有出路。』那時他暗中拆安福系和張的台，與南軍精神上成立『停戰協定』，雙方信使不絕：湘督譚延闓（零陵獨立後譚以湘督名義設行署於永州）派廣西人張其鍠爲代表，其鍠係一才氣縱横之士，吳與之一見如故，此後吳與湘軍譚趙間不僅不採敵對態度，且爲生死患難之交，更以湘軍爲媒介，與西南各將領莫逆於心。

探馬早報到北京，說吳怎樣通敵，怎樣養寇自重，段的『武力統一』政策是不會因此放棄的；可是北洋諸將除吳肯打硬仗外，只知括地皮抽大烟，不足以當衝鋒陷陣之任。段的智多星徐樹錚有鑒及此，暗中也有改造北洋系的計劃，向日本成立西原借款，爲購械練兵之用，輿論爲之譁然。針對著這些行動的便是吳的『反對借款、不住租界、不與外人勾結、不做督軍、不搶地盤』的幾大主張，一薰一蕕，雙方磨擦日甚，遂演爲直皖兩系的一場大戰。

## 撤防與驅張

七年南北之役，吳師一馬當先攻入長衡，張敬堯以皖系爪牙現現成成坐上『湘督』交椅。張部軍紀蕩然，尤以其義子第五團長張繼忠即所謂『少帥』者招撫了齊魯之交的散兵游匪，開到湖南後燒、殺、搶、奸無所不用其極，不獨湘人怨氣衝天西報記者亦嘆湘省之陪無天日爲舉世所無，即帝國主義者對其征服地亦未嘗至於比極。直到現在，任何湘人談及當年張的禍湘史無不咬牙痛恨，而當年中外各報之口誅筆伐幾於無日無之。試舉張縱兵殃民之一例：第七師犯了重大案件，苦主向督署控訴，張氣得暴跳如雷說，『這些都是私通南軍的亂黨。本軍秋毫無犯，豈容血口噴人！不砍下幾個腦袋來不足以儆刁頑之風！』苦主們有的家裏死了人，有的被第七師兵士放了火，有的妻女被奸淫，還得賠上一個腦袋來補償張家軍名譽之損失，那個再敢來多討苦吃？這一來張果然收了『政簡刑清』之效，而張部無不歌頌『督帥』之神明，此後奉令奸淫，奉令搶劫而益無忌憚。湘人暗中呼之爲『張毒』或『毒菌』。（督軍諧音）

當時流行幾種術語：劫案謂之『打起發，』奸案謂之『玩花姑娘；』湘人有由城市避居鄉下的，因爲城市北兵太多，又有由鄉下逃到城市來的，因爲鄉下更是無法無天的世界，逃來逃去謂之『躲北兵倖子』。城市每天有血案，夜間行人絕跡，街頭但聞北兵嬉笑怒罵之聲；鄉間輪流『望風』，如有『灰麵袋』（北兵之另一稱呼）經過時，趕忙地把女眷送往山後藏躲，而金銀細軟則早已窖藏起來（城市居民則將箱籠存於各洋行），是爲湘省之『黑色恐怖時代』。

蹉跎復蹉跎，容忍復容忍，湘人的怒火終於按捺不下：旅京湘紳向北廷請願易督，北廷對各報之口誅筆伐是『熟視無睹』，對湘人之奔走呼籲是『充耳不聞』，一如張之包庇其部下者然。湘人鑒於夏蟲之不可語冰，遂將目標移向廣州及衡陽，始而組織各界聯合會，繼而推派驅張請願團。九年春間衡城變成了各省請願代表的山陰道，近之有湘代表請願驅張，遠之有京滬各地代表請願聲討安福系，而兩問題就是一問題——張僅爲安福系搖旗吶喊之馬前小卒而已。

吳目擊湘人之陷於水深火熱，暗暗叫聲慚愧：『我雖不殺伯仁，伯仁由我而死』。他駐防衡州不啻『虎倀』的地位，何顏久居是邦？加以邊防軍士飽馬騰，日本人推波助浪，諺謂『先下手者爲強』，所以他下了撤防北上的決心。

他一再請求撤防而北廷『相應不理』，事實上北廷一方恃之爲對南的『萬里長城』，一方又慮其北歸後將爲『害羣之馬』，所以一味地採取延宕政策。吳的請求撤防電有云：『遠戍湘防，瓜期兩屆。三載換防，不可謂速，鬩牆煮豆，何敢言功。既經罷戰議和，南北即屬一家，並非寇仇外患，何須重兵防守？……對外不能爭主權，對內甯忍設防線？』

九年三月北廷電曹給以直截了當的回答：『不准吳師撤防。』吳因之忿激更甚。時值豫督有易人之說（以吳光新或趙倜），他借題發揮打了個『指桑罵槐』的電報：『比年以來，政府舉措設施無不違反民意，全國所痛絕者則保障之，全國所景慕者則排擠之，順我者存，逆我者亡，舉滿清所不敢爲項城所不肯爲者而政府悍然爲之，曾亦思武力權威較滿清項城何若？全國之大能否盡爲一系所盤據，疆吏之多，能否盡爲一黨所居奇？兆民之衆，能否盡爲一人所鞭笞？以若所爲求若所欲，徒見其心勞日拙也。』

一請不准則再請，再請不准則三請，三請不准則四請、五請以至請之不已，請之不已而不惟是終不准撤防也。超過了他的最大忍耐限度，才自動地撤起防來。三月上旬他電請張敬堯派隊接防，一面派人護送全師官眷七百餘家北歸，一面令兵士不得無故請假，不得向商民賒欠，沿途擾及民間一草一木者死。五月二十五日開始撤防，軍士沿途唱吳所親撰的『登蓬萊閣歌』，其詞如下：

『北望滿洲，渤海中風浪大作！想當年吉江遼瀋人民安樂。長白山前設藩籬，黑龍江畔列城郭。到而令，倭寇任縱橫，風雲惡。　甲午役，土地削，甲辰役，主權墮，江山如故，夷族錯落。何日奉命提銳旅，一戰恢復舊山河，卻歸來，永作蓬山游，念彌陀。』

段聞吳軍撤防之報，急令沿途各督截堵，並命第三師前旅長張學顏密往勾結舊部。第一個段視爲北洋驍將的張勳臣就不敢硬著頭皮試傢伙，睜眼放吳過去。吳以『環次隊形』揚帆而下，第三師居中，兩岸有掩護隊，後有殿卒。二十七日過長沙時，吳不曾正眼相覷，直向岳陽進發，過岳陽亦未停留，出湘江，越洞庭而入長江，直趨武漢。三十一日舍舟登陸，自龜山至諶家磯，步步爲營。鄂督王占元替他辦糧草，備火車。過漢時，武漢學生向之獻花，呼爲『革命將軍』。

吳抵漢後做詩一首，題曰『回防途次』，原文如下。

行行重行行，曰歸復曰歸。江南草木長，衆鳥亦飛飛。憶昔赴戎機，長途雨雪霏。整旅來湘浦，萬里振天威。孰意輦轂下，
妖孽亂京畿，虺蛇思吞象，投鞭欲斷淝。我今定歸期，天下一戎衣。舳艫連千里，旌旗蔽四圍。春滿瀟湘路，楊柳正依依。
和風送歸鳥，綠草映晴暉。少年惜春華，勝日鬥芳菲。來路作歸程，風景仍依稀。周公徂山東，憂讒亦畏譏。軍中名將老，
江上昔人非。建樹須及時，動靜宜見幾。何日摧狂虜，發揚見國威。不問個人瘦，惟期天下肥。丈夫貴兼濟，功德乃巍巍。
江上送歸舟，風急不停揮。得遂擊楫志，青史有光輝。春日雁北鄉，萬里動芳徽。鴻漸磐石願，衎衎不啼飢。止戈以爲武，
烽烟思郊圻，同仇復同仇，歸顧莫相違。

當時吳的政治主張博得全國盛大同情，所以吳師撤防一事成爲赫然觸目的大新聞，雖婦人、孺子、販夫走卒亦無不耳吳將軍的赫赫大名因其反對日本有人贈給他『英美派』的新頭銜。不錯召開國民大會的主張與英美民主潮流暗暗相合，英美報紙都把吳捧成了新中國的大英雄，但吳卻是個不偏不倚的土貨他宣稱不住租界、不借外債、不托庇外人，對日本如是，對英美亦復如是。英美對中國未採攻勢，所以他撇開未說。

那時湘軍地小餉絀，人不過一萬，鎗不滿兩千，兵士衣不蔽體，官長月餉數毛，人呼爲『叫化隊伍』。可是張敬堯呢，第七師擴充至四萬，乃弟敬湯以『小諸葛』自負，除其直屬部隊外，尚有李奎元、范國璋兩師，安武軍（倪嗣沖部）及魯軍張宗昌各部亦約三四萬人，聲勢異常浩大。在吳眼光中看起來，湘事湘人自了，驅張直如驅豕羊耳，同時他把兵精械足的邊防軍視若糞土，憑他一師三旅不難一舉蕩平。他是武備學生出身，所以認段爲師，並以段過去曾反對洪憲、削平復辟之亂，雖剛愎自用，究不失爲公忠廉介的老前輩，其一切誤國行動乃受羣小包圍，爲愛惜國家領袖計，對段頗欲留有餘地，只以『兵諫』爲名，『清君側』爲其目的。

六月七日吳師由漢登車，八日抵鄭州，一路目中無人，去赴遙遙數千里的『閃電戰』。豫督趙倜感其相援之德，派乃弟宏威軍司令趙傑蒞站歡迎。吳以洛陽駐有西北防邊軍張亞威、宋一勤兩旅，命第五旅長董政國率兵赴洛鎮攝，其大部則渡河北上，本人於六月中旬抵保定部署前方軍事。

當吳軍開始撤防時，張一則以喜，一則以懼，喜的是臥榻之側從此無人鼾睡，懼的是吳殺到長沙來奪取帥印。不久吳軍從湘江飄然而過，張不覺以手加額，以爲『從此莫余毒，』至於對付躄處郴永的『蠻子軍，』以爲直摧枯拉朽之勞耳。不料湘軍緊接吳師撤防之後全力衝過來，五月二十七日下總攻擊令時，全軍歡聲雷動，其統兵將領譚趙等初未嘗料及士氣如此之盛，但終以槍枝太少，子彈無接濟爲慮，約束兵士非敵人逼近時不許放槍。兵士交頭接耳地說道，『我們不要子彈，把肉彈代替了子彈！』

一戰而吳新田棄衡州不守，再戰而田樹勛棄寶慶潛逃，三戰而張宗昌由攸醴逃入江西境界。護湘關之役，湘軍惜彈如金，以爆竹裝入洋油箱鳴放助威，第七師因之大潰。時人笑爲『假子彈嚇走眞敵人。』張命敬湯以援衡總司令名義赴湘潭督師，敬湯拍著胸脯說，『包管旗開得勝。大哥別忘記，打退南蠻子後須把第七師長讓給我。』頭一天敬湯耀武揚威南下，第二天旗靡轍亂而歸，嗒喪著向他大哥說，『南蠻眞利害，我的師長做不成，你的江山也坐不穩了』，

張向北廷連連告急，請速頒『討伐令』以作士氣，（段力主下令，徐世昌則堅持大事化小之說）

一面則通電謂：『爲顧全和局起見，我一再讓防，而南軍進逼不已，請主持公道。』湘潭告警時他把大小箱籠千餘件運走，威逼權運局、總商會籌餉鉅萬，違則槍斃負責人，嚇得商會鳴鑼徵收房市捐，鬧得滿城風雨。六月十一日張假名督戰逃走，臨走時把督署『鎮湘樓』付之一炬，是時潰兵在城內放火劫洗，哭聲震天。十二日湘軍總指揮趙恆惕率部入城，十三日督軍譚延闓亦到，秩序才告恢復。

湘軍以寡敵衆，以饑疲之師當數萬虎狐之衆，一路勢如破竹，士氣誠大有關係，而關係之最大者莫如取待民衆之合作：鄉下農夫自動組織『吆呵隊』，（即遊擊隊）拿著鋤耙肉彈和『灰麵袋』拚命，後來湘軍大擴充，就是這些『吆呵隊』勇士湊合而成的。張在湘省搜刮民脂民膏，他的回敬物就是成千成萬的槍枝，事後湘人戲呼爲『運輸司令』（運財物出境而將軍火留下）。九年湘軍驅張，似爲內戰中之一奇跡，實則一點兒不奇：湘軍迫於自救，抱破釜焚舟之志，而張部每個兵士腰包裏塞滿了珠寶大洋，沒一個願出死力，沒一個不想溜回老家作富翁，其望風而潰，是有其必然之勢的。

湘軍入長沙時，家家戶戶放爆竹，爆竹衣鋪滿地面，變成了溫軟的厚毯。市民摩肩企踵，歡迎著自己的軍隊，都說『老總們辛苦，怎麼來得這樣慢？』這比之過去第七師隊伍經過時人人閉戶掩柴扉，恰成反比例。其時長沙街市甚窄，軍民打成一片，隊伍幾於不能通過；有些從來不出房門一步的老婆子也要擠出來看熱鬧，那知不看猶可，看了時都是些面目黧黑、軍衣襤褸、草鞋塗滿了黃泥的叫化隊伍，但他們精神煥發，每個兵士都浮著『光復舊物』的笑容。

次日，各公團假又一村歡迎收復淪陷區的譚趙各將領。譚卽席發表演說，『我們慚愧之不暇，怎當得歡迎二字？我們是三千萬父老兄弟的罪人，過去不努力，苦我湘民一至如此，今天才得著一點點贖罪的機會。』他說到裏，淚痕一絲絲從眼角淌下來，大家的眼睛同樣濕潤潤地揮著痛定思痛的熱淚。

長沙人是解放了，但由長沙至岳州沿線各村莊都被第七師蹂躪殆遍，財物無分鉅細，婦女無分老幼，都是他們的目的物，慘聲不絕於耳，尸骸遍地可見。潰兵殺紅了眼睛，連外國人也不認得了（過去頗有懼外心理），在岳州燒了美國教堂，殺了美國教士，惹起嚴重交涉。恬不知恥的張也學了吳的那一套——電北廷要求撤防，否則兵士不服約束，本人惟引咎辭職。他自知罪孽深重，卻委過於乃弟敬湯臨陣退卻，養子繼忠軍紀不良，請北廷褫奪這兩人的官勛。北廷初僅予張以革職留任的處分，後來越看越不像，才下令以王占元爲兩湖巡閱使，吳光新爲湖南檢閱使（卽督湘之先聲，民國二年湯薌銘亦以檢閱使名義入湘改任將軍）。然而這只是一道滑稽命令，此後北廷的後台老闆其自身亦已岌岌難保，過去的『征湘夢』不啻自己吞了一顆炸彈。

# 直皖之役

吳師撤歸保定後曹電請解除『四省經略』之職，北廷尚欲另以厚爵羈縻之。但吳的主張就是曹的主張——吳的主張解散安福系、解散新國會、取消中日密約、取消邊防軍及西北籌邊使，而這些都是段萬萬辦不到的。六月中旬徐樹錚匆匆由庫倫返京，始知京漢縣各據點已被直軍占領，而奉軍又在京奉、津浦各據點增兵布防，有一觸即發之勢。那時奉張扮『兩面光』之一角，美其名曰『中立』，進而以『調人』自居。他與曹吳一個做好一個做歹。他暗中向曹說，『三哥，邊防軍兵力比你大，器械比你精，你有什麼把握？』曹說，『我沒有把握，子玉說有把握，他的把握就是我的把握。』

徐電召直、奉、蘇三督入京共商大計。曹自然不敢入虎穴，答以『撫慰歸軍，無暇分身』。李純說，『我害病，病好了就來。』只有以調人自命的奉張於六月十九日應召而至，俄然負著『霖雨蒼生』之望。他提出調停辦法：（一）取消軍事協定，（二）取消籌邊使，（三）勸靳親家——他和靳雲鵬是兒女姻親——勉爲其難。段不允。他馬上向徐、段辭行。段軟了半截說，『且慢，有話好商量。』

張以『辭行』爲武器，折服了剛愎自用的段，對第一條允接受辦理，第二條開去樹錚的西北籌邊使，改任爲遠威將軍，留京供職。第三條靳既求跳出火坑，遂以周樹模組閣。這一面（段）商妥了之後，那一面（曹）還在未定之天。張拍著胸脯說，『曹三爺不肯來，我到保定邀他同來。』

經他指手畫腳地擺布後，一天雲霧幾化歸烏有，不料段的火性終於按捺不下：張由保定回京時，段忽提『吳與樹錚同時免職』的交換條件。張吐著舌頭說，『這怕辦不到吧！』段固執地說，『辦不到也得辦！』七月上旬，段逼徐下令『吳佩孚擅離防地，著褫奪中將及勛章，交曹嚴加看管。』張說，『還不是一切努力都完了嗎？』段悻悻然說，『你得早出京，莫干預我的事。』先則招之使來，今則揮之使去，段的火已升到極點，而無絲毫挽回之餘地了。

張出京後，段決計進一步拿吳入京問罪，距前令僅隔兩日之久，逼徐補下一令，『吳免去第三師長本職，軍隊由陸軍部接管。曹錕著革職留任。』一面組織定國軍，自爲總司令，以樹錚爲參謀長，分三路：第一路段芝貴兼京師戒嚴總司令，第二路曲同豐兼前敵總司令，第三路魏宗瀚，其兵力計有邊防軍三師、西北籌邊軍三旅及第九、第十三兩師。他呈請下『討伐令』，痛斥曹吳之驕蹇不法，有『本上將軍創建民國，至再至三，參戰一役煞費苦心，我國際地位始獲超遷』等語，對徐言外之意：『你是我所擁立的，你不下討伐令，本上將軍也得自動地討伐。』

十三日吳發表元電直斥這位創建民國至再至三的上將軍爲漢奸，文中有云：『自古中國嚴中外之防，罪莫大於賣國，醜莫重於媚外。……佩孚等束髮受書，嘗聞大義，誓不與張邦昌、石敬塘、劉豫、吳三桂共戴一天！寧飲彈而瞑目，不爲外奴以後亡。佩孚等雖死之日，猶生之年。……南北本屬一家，直皖豈容二致？今日之戰，爲救國而戰，爲中國民族而戰，其戰而死，爲國民爭人格，死亦有榮無憾。』他的革命行動是井然有次的行動：初以安福係爲目標，漸及籌邊使，至短兵相接之一瞬，才向段及段之背景進攻。他是反對內戰的，所以他表明直皖之戰非內戰，尤非如一般曲解者所稱之『北與北戰』，而係清內奸以除外患之必要動作。

半空中打來霹靂，奉軍於十三日入關，以張景惠爲關內軍司令，這個調人似由『非中立國』走到『非交戰國』的階段了。段不覺慌了手腳，迫徐於十四日下令停戰，飭各軍調歸原防。其時已有能發而不能收之勢，十四日兩軍既接，東戰線在楊村一帶，日本巡路隊曾開至楊村與直軍稍有接觸，但奉張於十六日到津，有助直攻皖之意，直軍聲勢爲之一振。西戰線在長辛店一帶，吳以討逆軍總司令兼西路總指揮名義站在最前線。十六日雷電交作，大雨滂沱，定國軍大砲失其效用。那天吳喝得酩酊大醉，親帶一部從側面包抄曲同豐的司令部，曲在涿州、高碑店之間松林店被圍，吳衝進了司令部，勒令曲的衞隊繳械。曲正在茫茫然摸不著頭腦之際，吳向之舉手敬禮道，『車已預備好，請老師上車』（曲曾任武備學堂教官）。外傳爲長辛店活捉『曲辮子』之一幕。隨後把曲解往保定光園（曹錕款留賓客之地），還有更精彩節目——曲向曹舉行獻刀禮，曹連連拱手說，『豈敢豈敢』。仍將軍刀發還佩帶。

捉住了曲同豐，嚇壞了西路軍總司令段芝貴，他做夢不料二十年前他手下小小戈什哈現在變成了喑嗚叱咤的敵帥。他未及趕赴前方即逃。當戰機已迫時，曹雖跟在吳的後面走，暗中誥誡他『多多小心』。吳說，『大帥放心，一星期動員，一星期作戰，一星期復員，沒有大不了的事』。後來兩軍既接，吳把小山炮密布於第一線，這完全違反戰略，倘一戰而敗，則山炮盡爲敵有，所以參謀官都請吳『再加考慮』。吳卻抱定『速戰速決』宗旨，自以爲勝算可操，不讓敵方稍有集合整理的機會。果然一戰而捷，定國軍一敗不可收拾，奉軍張景惠部乘勢在津發動，派梭鏢隊二百名夜襲楊村。徐樹錚以奉軍既變，亦化裝逃走，直到戰事解決時，曹三爺還莫名其妙，他把一切功勞都推在吳的身上。

保府提出懲辦禍首名單：第一批名單爲徐樹錚、曾毓雋、段芝貴、丁士源、朱深、王郅隆、梁鴻志、姚震、李思浩、姚國禎十人。一時魚行中達官貴人，有的像喪家之犬，有的像漏網之魚，都以日使館爲其逋逃藪。七月二十一日段引咎自劾，呈辭一切職務。二十七日徐下令（一）准段辭職，（二）撤消邊防軍，（三）撤消曹吳處分令，（四）懲辦禍首。說者謂：從吳師撤防到直皖戰爭醞釀了一年之久，其間『電戰』、『神經戰』又經過若干時期，而兩軍接觸只短短四天便告解決，與湘軍驅張同其神速，則當年戰爭直等兒戲耳！

定國軍潰退後，日使小幡正式照會外交部，認匿居館內的徐樹錚等九人爲國事犯，予以保護；吳則目之爲內亂犯，且有侵呑公款之事，請外部交涉引渡。北廷對此則不感興趣，以爲直皖同屬北洋團體，應留香火之情，不必逼人太甚。所以那次政爭結果，禍首逍遙法外，去一段而代之以兩段——由段的一人太上政府變成了曹張的兩人太上政府。

關於段的處置問題，吳主張遷之於湯山而予以保護、優禮。段本人不離京，由團河退居府學胡同私邸，後來吳在津失敗時亦不肯走，這兩人雖處於政敵之地位，其嶙嶙傲骨正復相同。

軍事勝利後，吳以爲其政治主張亦必隨之而勝利，新國會不難解散，和會不難重開，國民大會不難實現。那知事實與預期者截然相反。關於解散新國會問題，徐首先不贊成，他的總統地位是由新國會產生的，倘認新國會爲非法國會，則其總統亦爲非法總統。關於國民大會問題，奉張首先反對，那時吳發了一個促進國民大會的電報，張通電反對，這兩個電報都被曹在電局裏扣留了。（按中日軍事協定於十年一月取消）

吳建議第三師退駐洛陽，奉軍退回關外，均不得干預政治。張蹙著眉頭向曹說，『三哥，子玉今天一個建議，明天一個主張，你得約束他少開口少出鋒頭爲妙。』曹暗中誥誡吳說，『凡事鎮靜點！我們剛打完一仗，難道再打一仗？』

張不滿吳的態度漸漸露骨：七月二十七日天津西報記者赴地緯路恆記德軍衣莊謁張，詢以對吳將軍之感想，張岸然說道，『我只知向曹使商談大事。吳是區區師長，全國師長有好幾十個，我手下也不少，倘人人預聞政治，那成什麼話！』八月十三日張在北京奉天會館接見日本記者時又說，『國民大會是吳子玉個人的主張。我不能讓他胡鬧，已囑曹使叫他少說話。』

那時全國把吳看作天字第一等人物，尤以西報記者爲之大吹大擂，而階級觀念甚深的張則視之爲偏裨小將，揚揚然不屑與之爲伍。全國對吳歌頌有加，張對之不滿益甚，他口中常掛著這句話：『子玉算什麼？區區師長耳！』總之，直皖之役吳張兩人記賬不同：吳以『戰勝者』自居，以張爲『坐觀成敗者』，張則自居於『舉足輕重之地位，有拔刀相助之功』。那次苦經驗使吳不復視天下事如前此所想像者之易，頭腦漸漸冷靜下來，所以八月二日曹張在天津會晤時他遲到一日，五日北京東車站鋪著黃土歡迎『兩帥』入京，吳亦後到一日，而當公府大宴曹張之日，吳飄然到鄭州下榻華商旅館，接見報界人物時且說，『這次戰勝是一件痛心可恥的事』。

那次推翻皖系的結果只造成了靳閣之復職，曹張之正式聯姻（曹以其弟銳之子爲子，張女許嫁銳子，）李純之議和總代表及巡閱使地位（初任爲長江巡閱使，後改爲蘇皖贛巡閱使，未久李自戕）直系旅長王承斌、蕭耀南、閻相文、馮玉祥之師長地位，而國民大會遽歸道山，一切改革計畫均成泡影，武人之弄權如故，南北之對峙如故。

北廷也曾考慮到吳的地位，欲畀以魯督，他又來一次『不要地盤』的聲明。後來曹改『四省經略』爲『三省巡閱』（直魯豫巡閱使）時，堅以副使一席相屬，『毋許一再固辭』，吳只好不置可否。此外徐世昌邀吳加入晚晴簃詩社，做了一名社友。

九年十月陳炯明攻入廣州，趕走桂系莫榮新之前，軍政府總裁岑春煊宣布取消自主，西南各省紛紛通電否認，但北廷據以宣布『統一』，並發表『籌備新選舉』命令，時人稱之爲『紙頭統一』。那時吳在洛陽練兵，準備實力充足後再來一次『革命』。他常寫兩聯語贈人，其一聯云：『欲平大難須嘗膽，誓掃倭人不顧身』，又一云，『花開陽春惟三月，人在蓬萊第一峯』。

# 第一　知己

自民國成立後郭樑丞歸隱膠縣，眼巴巴只等吳子玉抬頭。吳駐軍衡陽時聲譽鵲起，有人送喜信給郭說，『可了不得，你的老把弟一爬爬到半天雲裏了！』郭微哂著說，『這用得著你來報信？那一天報上沒有他的消息？』那人嘻皮笑臉地說，『我那有千里眼順風耳，也是從報上看來的。我來勸勸你的駕。』

郭大模大樣地說，『慢來慢來，區區師長容得著我這樣人物？讓他做了督軍再說。』

北廷授吳爲孚威將軍，那個『喜報神』又向郭大獻殷勤，『將軍就是督軍，也許在督軍之上。現在該是您出山的機會了。』

郭說，『慢來慢來，將軍不過是候補督軍，讓他實授了再說。』不料吳發表『不要地盤、不做督軍』的兩不主張，那人苦喪著臉又來糾纏著郭道，『咱們吳將軍一輩子不做督軍，那麼您一輩子也不出山？』

郭深以那人爲奇，不禁反詰了一句，『他做不做督軍，我出不出山，干你什事？你好像比我們更著急。』

那人噗嗤一笑說，『您是明白人，這正是一人得道，雞犬飛昇。……』

郭喃喃罵道，『做雞做狗聽你的便，你這個不長進的東西！』

直皖戰後吳以第三師長兼直魯豫巡閱副使及兩湖巡閱使，這比做督軍更大，郭才檢點行李由膠縣投奔到洛陽來。不用說，吳蒞站歡迎，即日置酒高會，有久旱甘霖之樂。郭向吳預作聲明說道，『聽說老弟禁土部下抽雅片，我上了這把年紀，戒烟是戒不了的。你容得我抽煙便好，不然的話，我打馬就走』吳皺眉一想，微此公無以至今日，萬無放他回去之理。但禁令亦萬無收回之理。他下了一道手諭——只許郭公過癮，不許僚屬破戒。

參謀長爲軍中首屈一指的幕僚，吳對郭敬禮有加，不欲作第二人想，便欲以此席相屬。郭謙遜著說道，『舞文弄墨尚可承乏，運籌帷幄則吾豈敢』。吳乃聘爲巡署高等顧問。郭偶然害病，吳親侍湯藥。郭有所進言，吳從不討價還價。吳是個目空一切的傲漢，對郭獨不然，每逢盛怒，郭至，馬上霽威。他命手下人待郭如待自己一樣。

吳學畫於蔣羅賓，學詩於楊雲史。吳畫竹衹畫竹桿，蔣替他添上枝葉，做詩則命楊改正後發表。蔣是吳的開平老同學，說起來有一段笑話：過去在同學時期，一天蔣買了一柄白扇放在桌上，吳提筆便寫。蔣回來看見了說，『我不叫你寫，幹嗎寫得一塌糊塗？』吳自傲地說，『也許有一天，咱的字求都求不到手。』蔣說，『不成，你得賠我』。吳自知理屈，快快地買著扇面賠他。事隔多年，蔣到洛陽來投効，吳任爲軍事參議那天蔣拿著中堂紙敬求『大帥墨寶』。吳說，『別人叫我寫都寫，你不成。』蔣愕然問故，吳說，『你記得我寫壞了你的扇面嗎？我不能老賠你。』蔣笑著說，『此一時，彼一時。』不久翁欽生也到了洛陽，——就是那個一腳把吳踢出烟館的劣紳，吳亦委之爲諮議兼教官月薪百元，翁喜出望外百元不算優差，喜的是奉了吳大帥的差委，從此可驕其鄉黨鄰里了。

開平另一老同學王兆中也來依吳，得委上校副官。王頗想過『知縣』癮，上了個條陳自稱『文武兼資尤富於政治常識；』大帥不信，請令河南省長張鳳台以優缺見委，必有莫大貢獻』吳親批『豫民何辜』四個字，原件發還。王不懂這四字的意義欣然如奉丹詔以爲縣篆穩穩在握遲之又久，百里侯始終輪不到他的頭上，他才帶著原批請教那位代撰條陳的朋友，一經說破才啞然若失。他又央求著那位朋友另作條陳請吳委充混成旅長，『願提一旅之衆討平兩廣，將來班師回洛後，釋甲歸田，以種樹自娛。』吳批『先種樹再說。』

其時祕書長因事撤職，應由機要祕書楊雲史升任，偏偏來了個郭樑丞，吳不委他委誰？郭在北洋團體中素有『郭嘉』之稱，學問平平而機謀甚富。吳向來不到八大處，（其時吳幕中著名人物有參謀長李倬章政務廳長白堅武、參謀處長張方嚴、副官處長孫芝出等。）只常在祕書處閒坐談天，一談談上好幾個鐘頭不倦。郭若要天上月，吳恨不爬上天去把月亮捧下來。本來重感情是人類的通性，也是人類的美德，但吳之重感情有時嫌其太過，對郭和對張夫人都有太過之處。下舉一事以證其對郭之太重私恩。

那時吳夫人李氏已死，張佩蘭變成了唯一的吳二奶奶了。一天張偷吸大烟被吳撞見，不禁跳起來說，『這還了得！家中人首先犯禁，教我如何約束部下？』張從來少見吳的疾言厲色，這次例外的盛怒使她慌了手腳，吞吞吐吐地說，『我害病，偶然抽幾口當藥吃。』吳指著張的鼻子罵道，『生病？我有醫院。這撈什子要能治病的話，那麼不用開醫院，都開烟館好了。』他們兩口子在內房鬧得天翻地覆，張的母親從後房爬了起來向吳說，『好了，你現在做了大官兒，把咱們娘兒倆都逼死了吧！』吳倏地把烟鎗擲出去，老太太嚇得抱頭鼠竄而去。

有人把內房的事報告郭，郭到任何處是不用通報的，他趕忙地跑來說，『老弟，我剛來找你時不是有條件在先，答應我不戒烟嗎？』吳諾諾連聲。郭說，『現在把我抽菸的傢伙都摔掉了，這不是成心和我開玩笑！』吳呆了一呆說，『老哥的傢伙？怎麼不早說！快快拿去。可是下次別再借給你的弟婦。』事實上那裏是郭的烟具，不過借此打打圓場而已，也許吳亦借此下台，不然的話，難道眞和張夫人鬧離婚不成？

郭在吳處言聽計從，惜年老善病，有黃昏夕陽之感。他雖做到洛帥的上客，畢竟還是幕僚，從段芝貴手下做起直做到老把弟由戈什哈變成了威震八方的上將始終不脫幕僚的地位他動了『衣錦還鄉』之思偶然向吳提及吳說『這事好辦』隔了幾天北京政府發表郭爲山東鹽運使郭撅著嘴向吳說『你倒好自己高高在上你看我就不夠當一任省長嗎？』吳連連說『是我一時糊塗讓我保柴欽唐做鹽運使替老哥另保省長位置』

郭吁了一口氣說『老弟，聽我說我不做省長則已一做非山東本省不成讓我在家鄉露露臉死亦無憾』吳不禁倒抽一口冷氣說『別省好辦山東就難如登天了：山東省長熊炳琦是曹老帥的參謀長，難道他的參謀長不配做省長得改用我的祕書長去做！』（熊任魯長是十一年十月間事）郭冷冷說，『我不過偶然說說聽不聽由你』

吳因此大費周折經六個月之久北政府允調熊另任要職魯長人選由吳保薦吳自覺可告無罪於鮑叔了不料郭福命太薄幕僚終是幕僚求於身後題曰『前山東省長郭公之墓』竟不可得當吳欣然報命之際正郭感疾阽危之時病勢一天天沉重雖以巡帥之威不能改造窮幕僚的苦命他畢竟伸腿死了吳臨棺大痛親撰輓章曰『公而無私國而忘家棄下老母孤兒有我完全負責任義則爲師情則爲友嗣後軍謀邦政無君誰與共商量』

# 天津會議

直皖戰後吳的地位在奉張看起來依然『區區師長』而國人崇拜之者愈多，推為北方唯一的偉大人物，其享名之久及得民之專非其先輩項城、合肥所及。但吳與戰前判若兩人：戰前指陳國事，盡口誅筆伐之能事，戰後不建一言，不劃一策，埋首洛陽，像一個『與世無爭』的隱者。

十年四月中旬，北廷因蒙事吃緊電召曹張入京。曹張先往天津舉行所謂『巨頭會議，』張下榻恆記德軍衣莊，曹居曹家花園。所謂『巨頭』是曹張和靳雲鵬，後又加入王占元為『四頭，』而區區師長乃『不巨之頭，』自無列席發言之資格。論者謂：『奉張打不破階級觀念，然那次堂堂三位巡帥的出身：一個鬍子，一個布販，一個馬弁，不見比秀才出身的吳高貴許多。』

其時中山先生已當選為非常總統，湘省則宣布自治，北廷仍粉飾『統一，』籌辦選舉甚力。天津會議主題為援蒙問題，而彼此謙遜不遑，對地盤之爭及閣員之分配則又『當仁不讓：』奉張保薦其親家張勛為長江巡閱使，又欲收察、熱、綏三特區為己有，進而攫取京畿軍警大權。因分贓問題一會兒抓破了臉，幾不歡而散，一會兒『各取所需』又呼兄喚弟親熱異常，與市井小兒之乍啼乍笑者竟無區別。

曹反對張勛再執長江之牛耳，想來想去給他個『林墾督辦』的位置，張勛則薄此而不爲，後有改任爲『征蒙總司令』、『察熱綏三特區巡閱使』、『平南總司令』種種擬議，因而『復辟』之謠大盛。安福系復從中搆煽，奉張亦思利用皖系殘餘勢力對抗直系，因而直奉決裂之謠亦大盛。

奉張借征蒙問題領得軍餉二百萬及開拔費百萬，曹僅索回直軍欠餉五十萬，曹銳看了不服氣，責靳偏向親家（靳與奉張爲親家），不能公平待遇。靳說『四爺，你不知道當家人的苦處』。曹銳大怒，條地飛起茶碗來向靳擲去，口中喃喃然罵道『你不配當家，就得滾蛋！』靳也跳起來大罵，『我不當讓你來當，誰當總理誰是王八蛋！』奉張連連頓足說『糟了，糟了，快快備車讓我回家。』

『羣英會』一劇變成了『探親相罵』（曹張亦爲親家），親戚雖親不如權利親。幸有王占元左而一拱，右面一揖，他到天津來只做了一個冷角（不能加入雀局），不料他不善捕雀而善解圍，還算不虛此行。

此後他們的日常起居注是打牌和看戲。牌打完了，戲看完了，過度疲勞的身體往床上一躺，非到天黑下起床。起床後仍然不外乎打牌和看戲。偶然興之所至，討論到地盤問題和用人問題，而這些就是他們心目中之軍國大事了。靳陪著打牌，每次有輸無贏——不是他手氣不好，是官場祕訣之一，官場中陪上司打牌以輸錢爲不二法門，你輸得越多，上司越歡喜你而造成了『紅員』資格。靳是國務總理，其地位應居巡閱使之上，但巡閱使是當年的『太上政府』所以事實上是靳的上司。靳輸了不必掏出自己的腰包來，反正這筆糊塗賬都寫在交際費項下。

到五月上旬曹張等才入京覲見『總統』。他們有一套『此處無銀三百兩』的做作，聲稱除覲見外不談政治，而局外人所聞，他們一言不合即以『備車』爲要挾，慌得北廷忙於挽駕，忙於疏通，結果直系所得者爲陝西地盤（閻相文督陝），奉系所得者爲三特區地盤（奉張兼任蒙疆經略使，察、熱、綏三特區概歸節制）。心滿意足之後，在春藕齋賞牡丹或往居仁堂赴宴，以示封疆大吏與『政府』之和衷共濟。

有兩事值得一寫：其時河南兵變，奉張爲豫督趙倜緩頰，這是後來趙與奉系通款的一道伏線。（吳駐洛陽，趙威芒刺在背之苦，亦爲吳趙不睦之另一原因。）鄂王與陝陳（樹藩）訂有攻守同盟條約，陝陳被迫去職，王有『兔死狐悲』之感，這又是王與直系乖離的一個動機。

總之，天津會議以奉張爲主角，而曹爲配角，王則僅處於『掃邊老生』之地位而已。那時遠處洛陽的吳一再促曹返任，有『久滯都門，無裨國事，羣居終日，轉多紛擾』之語。

# 三次入湘友乎敵乎

天津巨頭會議後，王占元取道京漢路回鄂。車過鄭州時吳派學兵隊蒞站歡迎，正巧下了一陣急雨，青年學兵鵠立於大雨滂沱中一個個胸脯挺直儀容異常整肅。王跑回湖北來劈頭便說，『說起來眞慚愧，人家是什麼軍隊，咱們是什麼軍隊？』

假使王安於腐化生活，讓他的部隊擾民有餘而臨敵不足，他的紙老虎不會戳穿，也許還可以多做幾年『巡帥』（王兼任所謂兩湖巡閱使）不料他覺悟得太快，轉變得太快，迫不及待地下令裁汰老弱添練新兵和整飭軍紀，第一次就來一個『宜昌兵變』，接著又鬧『武昌兵變』，兵變變成了湖北省的傳染性。

鄂人深受變兵之禍，且受湘省自治之影響，乃發起『驅王運動』，與湘人前此之『驅張運動』同。北廷置之不理亦同。鄂人轉而向湘省請願亦與前此湘人之向吳師請願如出一轍。

湘人自民九驅張後，感於北軍視湘省爲其征服地，且南北戰爭以三湘七澤間爲戰場尤爲切膚之痛，所以揭櫫『湘人治湘』，湘軍總司令譚延闓發表『倡製省憲』的禡電（九年七月二十二日）其後趙恆惕繼起頒布省憲法，這在北政府看起來，湘省不受號令，擅改官制而自立省長是個離經叛道的省區，而西南則以湘省爲革命之前哨乃獨樹一幟，不啻脫離了革命領導而爲變相之割據。

湘省欲超然於戰局外，而結果兩面不討好。那時北方有直奉暗鬥，無暇南犯，南方革命勢力尚在培植中，雙方無形中把湘省當做緩衝地帶不過吳屢次打電報責湘人『破壞統一』，威逼取消省憲。

湘軍驕張是得了吳師撤防的機會，所以在道義上雙方有著深摯的友誼，可是事實上呢，一方要統一，一方高唱『聯省自治』論卻又處於對敵地位。假使湘人僅求保境息民，吳或者還可以馬馬虎虎留以有待，不料湘軍進一步掛出『援鄂自治』的招牌來，吳覺得忍無可忍了。

平心而論，湘趙對『援鄂』不感興趣，他只求自保而無向外發展之志。但鄂人蔣作賓、孔庚、李書城、吳醒漢等紛紛入湘效秦廷之哭，一面向趙遊說，一面運動湘軍將領議出師，並列舉援鄂之有利無害：（一）湘省自治已得川黔諸省之響應，倘能直下武漢，把湖北拉過來做休戚相關的同志，則進可組織聯省自治政府，退可團結西南使北人不敢南犯；否則湘憲處於曲高和寡之地位不能局部自保。（二）王占元弱點暴露，不堪湘軍之一擊。（三）王以陝西問題與直系齟齬，洛吳必不相助。（四）廣東久欲興師北伐，湘省對客軍假道多所顧慮，倘湘軍直搗武漢，則粵軍北伐時必假道江西而不通過湘境。（五）鄂人無自己的軍隊（僅夏斗寅一旅駐湘）湘軍以兩師駐守鄂境，其軍餉當由鄂省擔任。

這些都是當年娓娓動聽的理由，所以湘軍將領均覺援鄂即所以自助，有毅然肩荷之必要。此外還有兩個動機：第一，驅張之役湘軍奪獲了大批槍枝，軍額已擴充爲兩師十混成旅（有區司令之名稱）因之軍餉奇絀。且湘省無兵工廠，其子彈除向漢陽兵工廠購買外別無他法，而購買時必得鄂當局之同意，倘攻下武漢，則漢廠爲湘軍之外府。第二，湘省內部有暗潮，以對外轉移視線，確亦當年出師援鄂的另一隱衷。

援鄂之議一波三折，卒於十年七月下旬決定，趙爲援鄂自治軍總司令，第一師長宋鶴庚爲總指揮兼第一軍司令，第二師長魯滌平爲第二軍司令，旅長賀耀祖、唐生智、劉鉶、唐義彬、葉開鑫爲一至五縱隊司令，（葉兼右翼司令，由平江出通城，唐兼左翼司令，由常澧出公安。）夏斗寅爲湖北自治軍前敵司令，與湘軍主方沿粵漢路前進爲正面，並由旅湘鄂人推舉蔣作賓爲湖北自治政府臨時總監，孔庚爲政務院長。湘方聲明將來以鄂省還之鄂人，鄂方則聲明驅王後將借鏡湘省製訂省憲。

這消息像焦雷般打下來，王立刻召開緊急會議，主張打電報向吳請援。一般雄冠劍佩的軍官們無話可說，只有政務廳長胡鄂公反對。王問他『高見如何？』胡謂『只有打電報問湖南，他們要怎樣辦我們就怎樣辦』。

王說，『這是什麼話？敵人沒打倒我們，我們先把自己打倒。』

胡不慌不忙地說道，『假使照春帥的計畫，吳軍來援時，吳要怎樣辦我們也只好怎樣辦。與其聽吳擺布，何如就商於湖南，也許湖南的條件比較寬。』

督署祕書長孫百福站起來說，『這太過慮了，你不知道「山東五子」的關係（山東五子有吳子玉、王子春、盧子嘉、張子志、周子廙等五人。）並且玉帥也不是這樣人。』

胡解釋他的理由，『我知道玉帥不是這樣人。不過他的部下一個個都做了督軍，只有共患難的蕭珩珊（耀南）未得地位。吳自己不要地盤，不能禁止他的部下不要地盤。蕭是湖北人，早就有衣錦回鄉之志。我的意思是——坦白地問湖南的來意，你說政治不好，我們可以改良。』

王的意思大不謂然，列席軍政長官也大不謂然，結果拍了請援電報。吳果然派蕭爲援鄂總司令。蕭來得很快，把部隊由京漢路轉到武長路，他既不前進，又不後退，夾在當中做了個待機取利的漁翁。

王以孫傳芳爲前敵總司令，率孟昭月等旅擔任正面，王都慶等部把守公安、石首，劉躍龍部在崇、通一帶布防。湘軍自驅張以來，早不把北軍放在眼下，且視王爲北洋系之『弱蟲』，估計他的實力遠不逮張敬堯的實力，以爲一鼓可下武漢。自二十三日兩軍接觸以來，葉部攻陷九嶺，劉躍龍棄通城而遁，惟正面孫傳芳係一知兵之將，而羊樓司至趙李橋一帶又是一片嵯峨雄偉的大山嶺，北軍架砲山巔居高臨下，又在半山腰裏架起機關槍來掃射衝鋒前進的湘軍，血戰八日之久，才把孫部擊退。事後魯滌平對人說，『民十援鄂之役，共作戰之艱苦遠過於民九驅張之役。』

孫部既退，王的最後本錢化歸烏有，才想到胡的主張，派孫百福跑去問計。胡主張『自動辭職，薦蕭耀南自代，這樣才是不傷和氣的辦法。不然的話，走路還是走路，將來見面時即很困難了。』孫把這話覆命時，王低頭無語。到晚上，把孫喚了進去『快快照計而行。』同時電吳陳述自己不願戀棧及薦賢自代的經過。八月九日北廷下令以吳爲『兩湖巡閱使』，蕭耀南爲『湖北督軍』，孫傳芳爲第二師長兼長江上游總司令。十一日王乘輪離鄂，全城文武官吏歡送如儀。十二日吳乘車抵漢，各官吏又歡迎如儀。

王氏離鄂前發了兩個電報，其一云：『占元默察時局，非自治無以順應潮流，況軍閥攬權，久爲世所詬病，占元素性淡泊，何忍以衰病乞退之軀，爲擁兵自衛之舉。』又一述戰事經過云：『我軍與敵激戰八晝夜，困頓異常。蕭總司令到漢，適五日，迭經商請赴援，雖承慨允，奈以預定計畫須俟全軍齊集後方能前進，而開抵前方之靳旅，亦因未奉總司令命令不便自由作戰。』其言外之意，對湘軍尙諒解，對直軍則有『同舟敵國』之感。

吳下車後頭一句話就是說，『快找寇弼臣來！』弼臣是前任旅長寇英傑的別號，他是王的部下，因暗中與吳通信，被王檢獲後把他的位子撤換了。吳的第一道命令恢復了寇的原職，不久擢爲師長，與陳嘉謨同爲蕭手下的兩位大將。

許多人勸胡快點走路，『你是反對向吳請援的，現在湖北是吳家的天下，外間有不利於你的傳說，你該可以走了。』胡岸然不答。他一不上吳的衙門，二不上蕭的衙門。於是者兩月之久，不利的傳說消滅了，他一面上辭呈，一面到蕭處辭行。蕭對之倒很客氣，勸他打消辭意，他不聽。四個月後北政府才發表鄧振磯接替他的位置。

王占元既去，湘鄂間乃成不戰不和之局。湘省出師之前曾派員赴洛徵求同意，不得要領而返，湘方估計已得吳之默許，至少他不會出頭來助王攻湘，所以決然一試。現在立於前線的是吳蕭的軍隊，打呢不便再打，不打呢總得商量條件，萬不能『以屢戰屢勝之師而爲無條件之屈服』。湘方所擬條件：（一）蕭爲鄂人，所以不反蕭，但須廢督改稱總司令，宣布湖北自治；（二）吳自動辭去兩湖巡閱使；（三）以蔣作賓爲鄂省長；（四）賠償湘省軍費。

蕭迭電聲明，『我們是老友，一切都好商量。請停戰維持現有陣地。』同時張福來（蕭爲第二十五師師長，張爲第二十四師師長。）亦有同一口吻，湘方遂按兵不動以待有利之解決。其時湘軍已抵汀泗橋，武漢無險可守，倘長驅而入無論怎樣武昌是守不住的，但以不願與吳爲敵之一念，所以武漢在望而勒馬不前。不料直軍最前線第八混成旅長靳雲鶚想建頭功，八月十日乘湘軍停戰時暗襲湘軍陣地，被湘軍擊退，且在其司令部搜出靳雲鵬的電報，有『南人禽獸也，對之無他法，惟有殺盡無遺耳！宜一而與之敷衍，一面乘其無備……』等語。湘趙將原電拍照保存，並電蕭是否以謀和爲緩兵之計！蕭答『這是小小誤會，請勿介意。』

如此延續至十餘日之久，吳一面抽調大兵，一面令海軍第二艦隊杜錫珪由湖口到漢口待令出發，事爲湘軍所聞，知吳蕭無謀和之誠意，兵士推舉代表向趙宋請願，『我們不能再忍耐下去了！人人怕吳佩孚，我們則不怕，定要與之見個高低。』趙乃北上督師，曾大敗直軍，進至賀勝橋以北地帶，武昌可聞砲聲。湘軍且有於攻下武漢後推舉譚延闓爲湘鄂聯軍總司令之議。同時吳的海軍配備就緒，一舉而岳州不守，湘軍之前功盡棄。

吳自推倒皖系以來，其聲譽爲北方首屈一指之人物，而十年援鄂之役，軍事雖取得勝利，名譽卻大受影響。論者謂：『吳不要地盤，要的是兩省地盤，不做督軍，做的是兩省巡閱使。過去不投機不取巧，現則借湘軍之力倒王，以緩兵之計敗湘，而湖北地盤穩穩到手。』

吳則以爲其苦衷不爲人所諒：王既身敗名裂，助之則爲不順，此其一。部下（指蕭）有衣錦回鄉之志，背之則有不祥，此其二。湘軍倘下武漢，則西南之聲勢大振，『聯治』論高唱入雲，任之則有未便，此其三。他根據這些見解，決定了先戰後和的策略。

他並未低估湘軍的實力：湘軍驅張後養精蓄銳一年，倘與之一決雌雄，正未知鹿死誰手，但他抓著湘軍三大弱點，（一）軍餉不足，（二）軍火無繼，（三）無海軍。所以他避開正面，以海軍直搗岳州。當湘軍餘勇可賈之際，他悄然率領楚泰、楚同、楚有等七艦由簰州、嘉魚、寶塔洲、新堤前進，八月二十八日到岳州，開砲擊毀粵漢路南江橋，截斷了湘軍歸路。假使湘軍懂得『分段作戰』的戰略，後路儘管被截斷，前方繼續前進，充其量演成雙方換防的局勢——吳攻入長岳，湘軍攻入武漢，而海軍不能占領土地，也許吳的大膽嘗試將受嚴重之打擊。（十六年國民革命軍一面圍攻武昌，一面渡漢水北伐；十七年五三之役，日軍砲轟濟南，北伐軍繞道渡黃河繼續作戰，均爲分段作戰之戰略。）那時湘軍未發明這種戰略，聞後路有失軍心渙散，前線像潮水般退下來，造成了吳的閃電戰『另一勝利』。可是吳事後向人說，『援鄂之役，其作戰之艱危遠過於聲討安福之役』。

吳又機敏地有一次『適可而止』的動作。其時湘漢兩地英領提出調停之議，吳慨然接受，保證無侵略湘省之意。道義上他固無繼續用兵的理由，事實上尤有『適可而止』之必要，因（一）恐奉軍躡其後，（二）川軍亦以『援鄂』爲名揚帆東下，且聞湘軍將退往湘西，讓粵軍開進湘南來，粵直相爭，湘軍也未嘗不可做『漁人』。

九月一日趙乘英國兵艦到岳州，吳不以戰勝者自居，待之頗有禮貌。談了一會兒，他忽然背起孟子一段來：『天下烏乎定？定於一！孰能一之？……』他還沒說到『我能一之』，趙即反覆陳說武力統一之不可能。吳要『廢除省憲』，趙毅然答以『不能』。吳又說，『宋魯（宋鶴庚、魯滌平是湘軍第一二兩師長）是湘軍援鄂的主動者，至少應予以免職處分』。趙說，『我是總司令，應負一切責任』。吳露著不豫之色向左右說，『炎午很夠朋友，可是他的主張不對，他的態度太固執』。他掉轉頭來向趙說，『有一位朋友要會你』。

後面鑽出個戎服煌煌的漢子，是趙的士官同學友孫傳芳——這次湘鄂之戰的正面敵人。孫說，『

你好，無緣無故地打起老同學來了，今天得算算這本爛賬』趙頗感忸怩，倒是吳走過來替他們解交。那次湘鄂之役，三個『二爺』（吳趙孫均排行第二）胡亂談了一會，簽訂了一張停戰協約，大家握手而別。

湘軍打倒王占元直接替蕭造成了督鄂機會，間接也替孫造成了扶搖直上的機會。吳因此賞識孫的將才，初任為長江上游總司令，後任為閩粵邊防督辦及浙閩邊防督辦，創立了雄據東南的基礎。

湘事既了，川軍發動亦被吳分途擊破。他以為天下事大定，『國民大會』不難求其實現，乃授意張紹曾發起『廬山國是會議』分國民會議與國軍會議兩種。而湘趙自和議告成後，因軍餉不繼而裁兵，因裁兵而內爭以起，以與本書無涉，姑略而不提。

# 討「財神」檄

十年十二月十四日奉張入京，推薦交通系首領梁士詒組閣，並邀曹錕入京捧場，曹初則不欲往，終以情面難卻於十九日由保抵京。吳對梁閣曾表示反對之意，張勸曹加以抑制，曹亦馬馬虎虎答應北廷遂於廿四日命梁組閣。

過去張說師長無過問國事之資格，只有巡閱使才配。現在吳亦為『兩湖巡閱使，』但他仍是曹的部下，曹張既為敵體，則曹的部下就是張的部下，所以張對之仍不以正眼相覷。張以巡閱使一席無異爛羊頭，索性推薦張勛為蘇、皖、贛巡閱使，盧永祥為浙閩巡閱使（因曹反對未發表。）事實上，吳的巡閱使是半邊巡閱使，湘省不承認始終呼之為『吳巡閱副使。』

梁閣產生後吳的賀電不到，梁慌了手腳，派人疏通，吳置之不理。張勸梁不必多所顧慮，『一切問題自有本帥作主，』所以梁也不以正眼覷吳，而僅以張一人之意旨為意旨了。其時張與交通系、安福系均有聯絡，一會兒推薦曹汝霖入閣，一會兒主張特赦安福禍首，一會兒保舉張敬堯才堪大用，其目無曹吳可知。徐懾於奉張之威，赦免了段芝貴、曲同豐等六人，任汝霖為實業專使。張的發言權高到極點，直系在中樞的地位幾降爲零。

是年美國召集華府會議討論有關太平洋的一切問題，中國欲將日本在華所掠得的各項特權取消，日本則主張中日直接交涉，而魯案中之膠濟路問題尤爲爭論焦點，中國堅持備款贖路之議（由北廷發行公債，債券只許國人購買）。梁閣登台後，日使小幡向外部交涉須向日本借款，日本有薦用路員之權。事爲吳所聞，十一年一月發表歌電斥梁『勾援結黨，賣國媚外，甘爲李完用、張邦昌而弗恤』。

梁閣雖電辯無與日使直接交涉之事，而人言嘖嘖，深以祕密外交將危及國本爲慮。吳一連發表庚、佳、蒸、眞、文各電庚電略云，『華會閉幕在即，梁氏欲以迅雷不及掩耳之手段施其盜賣伎倆。吾中國何以不幸而有梁士詒，梁何心而甘爲外人作倀！傳曰，與其有聚斂之臣，寧有盜臣，梁則兼而有之』。佳電反對滬、寧、漢長途電話借用日款。蒸電根據華會國民代表余日章、蔣夢麐電告，謂『梁電告專使，接受日本借款贖路與中日共管之要求。梁登台甫旬日，即援引賣國有成績之曹汝霖爲督辦實業專使，陸宗輿爲市政督辦，拔茅連茹，載鬼一車，以輔其賣國媚外之所不及』。眞電勸梁引退，其中有云：『洪憲蹉跎，埋首五六稔，此次突如其來而竊高位，餘孽羣醜咸慶彈冠。鄙人與公素無芥蒂，何至予公以難堪！而不謂秉揆未及旬日，偉略未聞，穢聲四播：首先盜賣膠濟鐵路，促進滬、寧、漢長途電話，援引曹陸朋比爲奸，實行鹽餘公債九千萬借款。旬日之政績如斯卓著，倘再假以時日，我國民之受福於公者更當奚若！……今與公約，其率醜類迅速下野，以避全國之攻擊，三日不能至五日，五日不能至七日，七日不能是終不肯去。吾國不乏愛國健兒，竊恐趙家樓之惡劇復演於今日，公將有折足滅頂之凶矣，其勿悔！』文電之結論：『燕啄皇孫（隱藏燕孫二字）漢祚將盡，斯人不去，國不得安。倘再戀棧貽羞，可謂顏之孔厚。請問今日之國民，誰認賣國之內閣！』

梁有元電覆吳除解釋無賣國行動外，對吳備致推崇，有云『執事爲吾國之一奇男子。然君子可欺以其方，彼己之懷未能共喻，至足爲大局惜。平生好交直諒之友，諍論敢不拜嘉。』吳覆以刪電極嬉笑怒罵之能事，有云『鄙人本諸公意，迫於鄉國情切，對公不免有煩激過當之語。乃公不以逆耳見責，反許鄙人爲直諒之友，休休有容，誠不愧相國風度！鄙人樸野不文，不禁有褻瀆之感。公之元電心平氣和，尤不能不嘆爲涵養過人。赫赫總揆，民具爾瞻，魯案經過事實具在，公應下野以明坦白。笑罵由他笑罵，好官我自爲之，以公明哲，諒不出此。承許諒直，敢進諍言。歲暮天寒，諸希自愛！』

吳自戰勝川湘以來，國人恆錫以『常勝將軍』之名，其聲勢赫弈無比；而當年內閣又以武人之喜怒爲進退，何以吳以獅子搏兔之力推倒梁閣，一電不能則三電，三電不能則五電，五電不能則七電，而梁閣屹然不爲動搖？不用說，梁以奉張爲後盾，張叫他『安心供職』所以他有恃無恐，要與酸秀才互爭一日之短長。

國人對外交內政腐心已久，而看了報端所載脣槍舌劍，亦爲之忍俊不禁。這是吳的第二次『電戰』而第二次電戰較之推倒龔代閣之第一次電戰更爲有聲有色。他套用討武則天檄、驅鱷魚文，而梁閣風吹不動，浪打不翻，笑罵由他笑罵，好官我自爲之。國人目吳電爲『新古文觀止』都說讀此妙文，可作國文範本，而不愁文思之不暢，文筆之不雄健了。（時有山東第一混成旅長張克瑤揣摹風氣，完全套駱賓王檄文發表討梁通電。）

直系將領及其『附庸』一致做吳的應聲蟲，祕書室忙於起草電報，局忙於收發，而梁閣之爲梁閣也如故。到最後一關，吳搬出最大武器——率領魯、豫、陜、蘇、鄂、贛六省將領聯名發表效電，宣布與內閣脫離關係，請徐『罷梁以謝天下。苟以佩孚等爲無狀，請即解佩孚等之職以謝梁；苟忠佞不分，則佩孚等爲順國民公意，惟有與內閣斷絕關係，遇事直接元首。』

事情糟到這地步，徐命周肇祥赴奉詢張，『梁閣是老弟捧出來的，現在下不了台，請教有何辦法？我本人也幹不下去了！』張躲在關外不說話，一由於吳抓著了正大光明的好題目，留下來給張的是『與國人爲敵』的難題；二則明知吳一面握著筆頭，一面捏緊著拳頭，而孚威之威是凜乎不可犯的。直到徐向之『請示』，他不能不拿出個辦法來，否則梁閣不足惜，奉軍從此不能問天下事矣！

吳的電戰愈戰愈強，武器愈出愈多，梁的勇氣終於消失：二十三日梁請假赴津，以外長顏惠慶兼代國務總理。三十日張電請將梁閣辦理外交情形宣示國人，略云，『事必察其有無，情必審其虛實，如果實有其事，即加以嚴譴，梁閣尚有何辭，倘事屬子虛，或係誤會，則鍛鍊周內，以入人罪，不特有傷鈞座之威德，且何以服天下之人心？況內閣爲全國政令所由出，進退同於傳舍，國事何堪設想！以愛國熱誠轉而爲禍國之導線，以演出亡國之導線，試問與賣國之結果有何差別？伏願鈞座飭紀整綱，淵衷獨斷，使天下有眞公理，然後國家有眞人才。作霖疾惡素嚴，當仁不讓，必隨賢哲之後而爲吾民請命也。』奉張此電雖保持其相當的『涵養工夫』，但已下『以拳頭對抗拳頭』的決心，同時想出來另一好題目——擁護『元首』，制止武人干政。

* * * * *

十一年二月四日，魯案在華會解決，日本放棄從德人手中取得之特權，膠濟路由中國估價分期贖回。六日九國公約成立。三月三日北廷派王正廷督辦魯案善後事宜，田中玉爲會辦。

## 一段笑話

直皖之役，張聯直是與曹的結合，始終沒把吳放在眼下，吳亦始終沒把張放在眼下。邊防軍既敗，張恃有拔刀相助之功，欲與直系『平分天下』一會兒保舉這個做某省督軍，一會兒推薦那個當某部總長，所謂『天津會議』不啻直奉兩系的分贓會議，爭地盤，搶位置，一會兒紅臉，一會兒攙手，商妥後才打幾圈牌，叫幾個局，作爲雙方聯歡的表示。吳又另有見解，『聲討安福系就因爲安福系是喪權媚外的集團，但張與之相距幾何？』

莫說北政府在曹張之間感得『兩姑之間難爲婦，』同時曹在張吳之間亦處『左右做人難』的苦境：他左面一揖，右面一拱，活像黃鶴樓劇中的劉皇叔。

且說一段笑話：前清督撫被人尊呼爲『某帥，』民國成立後過去一般舊軍閥仍沿用這稱呼，尤盛行於北洋團體，如呼張爲『雨帥，』曹爲『仲帥』之類（張字雨亭，曹字仲珊。）這風氣漸漸傳到西南來，所以陸榮廷也稱『幹帥』（陸字幹卿，）譚浩明以湘桂聯軍總司令名義公然自稱爲「本帥，」而部屬則呼之爲『聯帥』了。後來這稱謂發生變化，兼任省長的武人稱爲『兼帥，』部屬呼長官則曰『

帥座』。漸漸地愈變愈奇，督軍既稱『帥座』，於是乎師長也稱『師座』，推而至於『旅座、團座、營座』，無論大小官兒都加上一個『座』字。張敬堯的第七師中竟有『連座』之稱。

『帥』的稱謂高不可攀，但自普遍化之後，那些兵微將寡的督軍們尚無話說，而兵多將廣的督軍漸覺得呼『帥座』之不過癮，於是手下人恭上尊號曰『大帥』，如張勛稱『張大帥』之類是。直皖一役後，曹張是當時兩大柱石，他們的部下尊之爲『張大帥、曹大帥』，同時吳以赫赫之功亦被尊爲『吳大帥』，曹吳本是一家，豈可『天有二日？』便有善用心機的幕僚們請曹晉一級呼爲『老帥』以示區別之意。

張是不甘居曹之下的，聽得曹三爺爬上了三層樓，馬上自加『老帥』尊號而呼其子學良爲『少帥』。

這雖是一段小掌故，而奉張恥與吳爲伍之心理則昭然若揭。

十一年二月爲調人僕僕奔走之月，爲軍閥戾戾備戰之月。王承斌、張景惠往返於保、瀋之間，曹銳以祝壽爲由親自出關斡旋。奉張始則不開口，讓曹四撞木鐘撞到無可奈何的時候，才命孫烈臣間接向之示意，『老帥的意思想問三爺四爺，還是親戚親呢還是部下親？』曹四自然不會答以『親戚不親，』於是張提出兩條件，（一）吳辭去直、魯、豫巡閱副使，專任兩湖巡閱使；（二）梁閣銷假後再上辭表，如此則吳的主張勝利，而張的體面保全。張還有『以退爲進』的一套本領，他說『你們不接受，我將關內奉軍撤回，從此不過問中央的事』。

曹四把這話電告乃兄，乃兄對張、吳之間頗有嚴守中立的樣子，馬上回電『請挽留關內奉軍，萬勿任其撤退』。後來張據以斥曹之出爾反爾。

兩曹一面向張陪著笑臉，一面向吳採取高壓手段，命之向奉張陪個禮兒，不然的話，我們姓曹的一個辭巡閱使督軍，一個辭省長，讓你姓吳的來幹。吳吃不起這一下，只得發表蒸電聲明，（一）反梁乃反對其媚外政策，絕不牽涉他方；（二）佩孚絕對服從曹使，對張使亦然，既服從矣，其不反對也明甚；（三）共和國家人民皆有主權，佩孚以國民之資格反梁，不能以此疑及奉直間別有問題；（四）曹張二使如平勃交歡，以安劉，廉藺共濟以存趙，詎有自殘之理；（五）兩使以袍澤之舊誼，結秦晉之姻親，表面雖有奉直之名，內容實無畛域之見。吳生平天不怕地不怕，只怕高帽子來壓，也許是他的緩兵之計。其時豫督趙倜不穩，他暗中調動馮玉祥一師出陝監視趙的行動，同時西南北伐之說亦盛。

徐的態度更可笑：二月二十五日他發了一電，『中樞進退皆屬大總統之職權，而本大總統於人才進退之際，但期有利國家，初無絲毫成見。至於整飭紀綱，督促進行，則本大總統職責所在不敢不勉。』他想罷梁以平吳之氣，同時訓斥吳以平張之氣。

莫說訓斥吳做不到，連罷梁亦有所不敢。梁本無出京之意，且曾向徐表示，『個人進退無問題，但總統威信要緊。』徐做梁的擋箭牌做得焦頭爛額，忽然聽了這句刺耳的話，才冷然說了一句話，『我管不了許多！』梁自悔失言，乃向徐辭行赴津。

梁到天津後，不辭不幹，一連續假五次，看徐把他怎樣。徐果然著了慌，電邀入京一談，梁以病辭。這時顏代閣代得不耐煩，東也要擺脫，西也要不幹。徐說，『駿人要看我的老臉。』顏一度送眷赴津，徐更著了慌，派吳笈孫赴津苦苦把他找回。徐素有涵養工夫，這時不禁也連連嘆氣，『要不幹我也不幹。』

顏代閣執意不幹，四月八日徐命周自齊署理內閣總理，這是他獨斷獨行之一次（周亦交通系）。先是奉張派第廿七師長張作相率部入關，其通告有『奉令拱衛近畿，暫駐軍糧城聽候調遣』之語，吳亦抽調二十四師（張福來）二十五師（蕭耀南）由鄂北上，十一師（馮玉祥）由陝東來，會師鄭州。周閣登台後，直奉砲火做了新閣的爆竹道賀聲。

# 第一次直奉之役

奉張把吳當做一隻惡虎，欲與盧永祥、張文生、趙倜、田中玉等分路進攻。張與皖系有聯絡，段於二月十三日悄然赴津，盧有響應張的箇電發表（但措詞含混）。奉軍入關後以一部開往津浦線與張文生之安武軍（張勛舊部）相接應，魯田宣布中立（袒奉），而南方北伐之師正待發動，倘奉軍能支持相當時日，則天下事正未可知；然自四月二十八日接觸以來至五月五日奉軍各路皆敗，這是一般人所意想不到的。

作戰之前仍不免一番互相醜詆的電戰。四月十九日張的皓電稱，『竊以統一無期則國家永無寧日，障礙不去則統一永屬無期，是以率師入關，以武力爲統一之後盾。凡有干政亂紀者即視爲統一和平之障礙。』吳以效電請奉軍出關。馬電則稱，『盜匪橫行，盜名欺世，不曰去障礙，即曰謀統一，究竟統一誰謀，障礙誰屬，中外具瞻，全國共見。是以大誥之篇入於王莽之筆則爲奸說，統一之言出諸盜賊之口則爲欺世。佩孚以身許國，爲國鋤奸，其有藉口謀統一而先破壞統一，託詞去障礙而自爲障礙者，惟有盡我天職，除暴安良，義無反顧』。養電有『財閥盜閥同惡相濟』之語。

奉軍改稱鎮威軍，以軍糧城爲大本營，張於二十九日抵軍糧城自任總司令，孫烈臣爲副，以張作相爲東路總司令擔任津浦、京奉線，張景惠爲西路總司令擔任京漢線。馮玉祥於二十五日率師抵洛，吳與之匆匆一談後即日北上督師。其時曹銳先退奉軍五師十混成旅分占小站、馬廠、獨流、楊柳青、靜海、通州、長辛店一帶。張對曹初則尚客氣，僅以吳一人爲敵，因曹請奉軍退出關外乃發表『罵曹』一電略云，『巧使吳佩孚詈段而個人則以並不知情四字爲隱身符，其策畫今乃復施之於作霖矣。兄謂奉軍入關未奉中央命令，前年直皖戰事我兄首統雄師直趨畿甸，豈亦奉有中央命令耶？只許我負天下人，不許天下人負我，雖魏武一生得意語，後世即以此爲奸雄二字之歌訣』。

二十五日直軍全體將領宣布奉張十大罪，有阻撓國民大會、推薦洪憲禍首梁士詒、復辟罪魁張勛、援引安福餘孽、媚外喪權等條；末謂『作霖不死，大盜不止。佩孚等既負勦匪之責，應盡鋤奸之義』。二十七日奉軍全體將領斥吳貪鄙、很惡、險妄、詐狂、不忠、不信、不仁、不義、反覆無常、一意搗亂，『罪在吳氏一人，並與曹使無涉』。廿八日張電，『洛吳塗炭生靈，較闖獻而更甚，強梁罪狀，比安史而尤浮。惟利是圖，無惡不作，乃神人之所共怒，貞天地之所不容』。

當戰機一觸即發之時，浙盧電勸雙方撤退前線隊伍，再請曹張赴津舉行一次解決爭端的『天津會議』王士珍等亦願分任調人，張顏有接受之意。其時北伐之師展緩，河南趙傑部已在馮玉祥監視下，故直方態度轉趨強硬。四月二十九日徐下了一道『潮溼爆竹』命令，『兩軍各即撤防，三使聽候查辦。』是日兩軍西路在長辛店，中路固安，東路馬廠，均有接觸，吳則於巡視前線後回保發令。

先一日，曹找第五旅長董政國到保定問話，『這一仗你能勝？』董點頭說，『能勝。』吳在一旁發令，『限於二十四小時之內奪回長辛店，違則軍法從事！』

董到前線把部隊分佈於鐵路兩旁，叫兩個團長到旅部聽訓。董說，『有兩件東西隨便你們拿一件：一件是長辛店，一件是本旅長的頭。』兩團長齊聲答，『我們要長辛店，不要旅長的頭。』董探聞奉軍在沿路埋有地雷，所以決定採取『母牛陣』，把一羣牛趕在前面，踹著地雷時讓母牛做替死鬼，這與『火牛陣』自有區別。他在每連中抽出四人來組成敢死隊，沿著路線向長辛店出發，餘則停止待令。沒等到天亮，牛安然通過，敢死隊接著衝殺過去，捉住了幾名奉軍前哨，從他們口中得知當天奉軍的口令，便假裝奉軍一直無阻地開到長辛店，衝進了奉軍前敵總司令部。那時總副司令張景惠、鄒芬剛睡不久，從睡夢中嚇了醒來，奪路逃走。董知前方已得手，揮勁大隊前進，奉軍不戰而潰，董旅一直追到廊房未遇抵抗。當占領長辛店時還鬧了一次笑話：傳令兵從長辛店打軍用電話報告曹吳，『大帥，董旅長過去了！』曹大驚說「過去了嗎?」對方答道,『是的,當眞過去了。』曹慘然望吳一眼正在商量派誰接任旅長時,對方又頻頻催促道,『大帥總司令您一齊都過去了吧!』曹平日頗有涵養工夫那天卻一點沒有,不覺虎躍而起說,『子玉,我們一齊都過去了吧!』

因長辛店之敗,奉軍各路均無鬥志第一步退往軍糧城,第二步再退灤州。五月五日徐又下了一道『馬後砲』命令,限奉軍撤回關外另一令懲辦禍首葉恭綽、梁士詒、張弧三人。惟對奉張尚欲優容,因直方一再催促,始於十日下令,『張作霖免職聽候查辦,東三省巡閱使一職著即裁撤。』翌日東省各法團推舉張爲東三省保安總司令。

當戰事將發未發之際,吳下了一著冷棋幾達『痛飲黃龍』之目的,他暗派幹員持蘭譜到黑龍江與黑督吳俊陞約爲兄弟,叫他按兵不動,一面委高士賓爲吉林討逆軍總司令,盧永貴爲副司令,擬一舉顚覆奉系巢穴。高係孟恩遠之壻,孟督吉時代的吉林暫編第一師。長後來孟被張趕走,高亦連帶去職。盧是高的舊部,張把他收編爲中東路山林勦匪司令,駐防中俄邊境綏芬河一帶。

高奉吳的密委由哈爾濱登陸,單騎馳入盧營。盧見了老上司無條件服從,他們發動兵馬於五月二十六日由中東路終點綏芬河直向哈爾濱殺來,沿途各站奉軍護路隊望風迎降,紛紛換上『討賊軍』

符號，張聞之大震。高盧率部由火車一直開到寧古塔附近海林站，忽感兵力不敷，下令停進：原來高不善用兵，行軍五百餘里，經過十餘小站，採取『步步爲營』的方法，每到一站即卸下若干人駐守，站越過得多，前方部隊越剩得少，到海林站時，僅剩得萬把人左右了。盧的基本隊伍僅有二千人，發難時收編兩巨匪各擁五千人以上，又次第收編護路隊二三千人，共有一萬五六千人。他們到海林站時，探知寧古塔有奉軍一團駐防，距海林站僅六十餘里，深恐攔腰殺過來截斷他們的歸路，實則他們的任務是別動隊的任務，並非進可以取，退可以守的正規軍，勝則入穴取子，敗則逃到那裏是那裏，要『步步爲營』幹嗎？他們的策略應當是攻其無備的策略：一鼓而入哈埠，不難造成『四方響應』的勝利，其停止不進，是自取敗亡的先兆。

寧古塔駐軍始則觀望不前，不料高盧在海林站停下來至二星期之久，不進不退，像徬徨無策的樣子，卻替狗肉將軍開了一條功名富貴的道路。宗昌自攻湘失敗後，孑然一身，曾西走洛陽，吳閉門不納，遂往東三省求『老帥』栽培，張亦不假辭色，只聘爲巡署高等顧問。宗昌的目的是帶兵，那知東省富於排外思想，宗昌是山東人，況係敗軍之將，張不給他兵帶，叫他吃碗閒飯再說。

好了，宗昌的機會到了：奉軍在關內正打得落花流水的時候，不料禍起蕭牆，自家地盤內異軍突起，慌得張手足無措，姑且讓狗肉將軍拆拆爛污，命宗昌赴哈爾濱招收隊伍抵禦高盧一支兵馬。宗昌到哈爾濱係其舊游之地，但當地防軍長官張煥相不以正眼相覷，宗昌左拉右抓，只弄得五百多條鎗到手。宗昌發了個狠，『要幹就幹，幹完了反正光桿還是光桿！』

他帶了這五百多烏合之衆，要了一列車，把車門和窗口緊緊關起來，別讓人家知道虛實，一口氣向北衝去。煥相暗暗好笑，『這個冒失鬼大概活得不耐煩了，』他把宗昌當炮灰，自己隔岸觀火。假使高是知兵的，不費吹灰之力穩可把宗昌殺得人翻馬仰，不料這傢伙也是糊塗蛋，也抱著犧牲別人自己隔岸觀火的態度，命令臨時募來的民兵千餘人出而迎戰，卻把山林警衛隊保衛著他的司令部。那些民兵都是些有身家性命的人，升官發財之念則有餘，對壘衝鋒之心則不足，宗昌部隊只拋了幾枚手榴彈，民兵不戰而潰，牽動了山林警衛隊人人均無鬥志，更牽動了七拼八湊的匪軍一哄如鳥獸散。

高部開始向綏芬河背進，繼而再退東寧縣，有再衰三竭之勢。高看看勢頭不對，與盧化裝逃到高的另一舊部某某處，某某笑臉承迎，暗中打電報給『老師』報告生擒高盧『兩逆賊，』張覆電『就地正法。』吳的一支奇兵就此煙消火滅了。

第一次直奉之戰吳得了馮玉祥莫大的助力。馮自脫離川督陳宧後，奉令改編爲第十六混成旅，北政府二次下令攻湘時該旅駐防武穴演『兵諫』之一幕（七年一月十四日），後隨曹吳進取湘之常德。吳撤防北歸馮隨閻相文入陝升第十一師長，閻死，馮坐升陝督。直奉搆兵時豫督趙倜（字周人）有斷吳後路之意，不料黃雀在後還有一個斷他後路的就是棄陝督如敝屣的馮。馮部抵洛陽，趙與乃弟趙傑（綽號三麻子）化裝逃遁，事後吳請命北政府以豫督一席酬馮。

奉軍前線既敗，幾有魚爛土崩之勢，幸有楊宇霆等在灤河趕忙地搭起浮橋來，殘部得以渡河，這是後來張重用楊宇霆、姜登選、郭松齡及奉天新派軍人抬頭的動機。這裏有個笑話，張委張敬堯爲鎭威軍副司令（自爲總司令），原以敬堯有『北洋驍將』之稱，那知敬堯過去畏吳如虎，這次又遇見了五百年前的老對頭，嚇得不敢臨陣，又做了一次逃將。後來直奉二次釁兵時敬堯老著臉皮赴洛陽投效，吳亦不念舊惡，委充運輸司令，這分明譏他不是衝鋒陷陣的勇將，只夠做押解糧草的官兒，可是民國九年敬堯被湘軍逐出湘境時，湘人曾戲呼之爲『運愉司令』，倒成了讖語了。此公眞是『八敗精』，附段段倒，附奉奉敗，吳用了他吳便由常勝將軍一變而爲走頭無路的敗將。

張向直系談判停戰，願撤退奉軍，讓出察、熱、綏三特區地盤，曹無可無不可，別人都以爲吳不會答應的，但那時吳有三大隱衷：第一，倘繼續用兵關外，張的背景日本人必然以全力助張，理由是吳以反日健者著稱，其聲討安福系及討奉之兩役均間接予日人以嚴重之打擊。奉軍失敗後，東京有『張作霖後援會』之組織。吳自覺對外尚無充分準備，想埋頭練兵，到有把握時再說。第二，直系內部亦未一致，頭一個曹張究係姻親，第二個直系健將王承斌是奉天興城縣人，（興城有二伯之稱，一爲王孝伯即承斌，二爲吳廉伯即景濂。）這次因避嫌把隊伍交給別人帶，吳對之不無相當顧慮。第三，除第三師外直軍多不願戰。吳在軍事上常取『適可而止』的態度，兩次對湘事如此，這次對奉天問題亦然。

六月十八日直奉和議告成，奉軍退出關外，直奉問題告一段落。

## 迎黎

打倒安福系是吳的革命行動那次軍事是勝利了，而吳的政治主張則失敗了，其失敗由於奉張並非同抱革命思想的人物，且吳的長官亦在『直奉平分春色』之局勢下感得相當滿足，所以吳再來一次『革命』打倒另一障礙物以求其主張之實現。

吳的政治主張是統一，先安內而後攘外。自撤防北歸以來，他鑒於南北之爭爲法統問題，乃欲遷就西南主張，以恢復法統促成統一。當前的另一障礙物是非法總統徐世昌，去徐爲恢復法統之先決條件。吳在衡州時呼徐爲『菊人先生，』即否認其總統地位。舉兵討奉之前曾密召金永炎（黎元洪要人）南下，聘爲顧問，舊國會議長吳景濂王家襄等則僕僕於保洛間，其時早已決定了恢復舊國會及迎黎復職兩問題。

自民國以來，中樞地位之變更或爲武力之消長，或爲主義之實現，獨徐既無武力又無主張而能久居高位，他是兩勢力相持下的產物：因馮段之暗鬬，乃相約下野而以徐爲總統；馮死，段的權勢一時無兩，則又有直皖之暗鬥藉以保持徐的地位，直皖之役徐是傾向直方的。安福系既倒，徐的地位又動搖，又賴有直奉之暗鬭造成新均勢。徐對曹無所謂，對吳則深惡其擅作主張如召開國民大會、反對安福國會及呼『菊人先生』等等，這些都是改造政治的主張，都足以危及他的地位，所以直奉之役他又是傾向奉方的。奉軍入關有『奉令拱衛京畿』之語，奉軍失敗後徐對討奉令推三阻四，其中不無蛛絲馬跡之可尋。

奉敗而均勢失，徐慌了手腳，暗中許曹爲下屆總統，勸勿召集舊國會，且乘一號紅牌汽車親赴西堂子胡同訪王士珍請其出任艱鉅。不料吳不能復忍，突以寒電徵求各省對恢復舊國會的意見，又令孫傳芳擔任『開路先鋒』發表刪電主張恢復法統、迎黎復職，蓋吳鑒於國民大會之曲高和寡，廬山國是會議之畫虎不成，乃作此遷就事實的政治攻勢。十一年五月十九日吳再以皓電徵求各省同意，二十八日孫再通電請南北二大總統同時下野，二十九日齊爕元促徐退位，三十日徐覆電略謂：『孫傳芳𢧐電所陳，忠言快論，實獲我心？一有合宜辦法，即便束身而退。』此電自稱『鄙人』與吳致梁電自稱『鄙人』者竟是同一口吻。

徐口中的『合宜辦法』是緩兵之計，決無敝屣尊榮之意。而舊國會方面，遠在十年十二月二十三日即有一部份議員發表『由舊國會完成憲法以定國是』的宣言，十一年春間活動更力，五月二十四日在津開籌備會否認『國會解散令』主張依法自行集會六月一日王家襄、吳景濂等一百五十餘人宣言主張取消南北兩政府另組政府，且斥徐爲篡竊行爲局勢逼緊到這一步，而徐認爲『尚非合宜辦法』直到六月二日直方駐京代表三電公府詢『總統何時啓程』，才匆匆辭職走津以周（自齊）閣攝行職權。

六月二日舊議員議決迎黎復位，吳亦通電『恭迎我黎大總統依法復職』。不料舊令尹揮之不願去，而新令尹招之不肯來：黎的態度是半推半就的態度，『倘無統一及裁兵之保證，決不貿然復職』。保方不免心動，有入京組織臨時政府之意：本來迎黎及恢復舊國會都是吳的主張，『子玉的主張就是我的主張』，曹不便加以阻難，然而『子玉雖親，不及總統親，黎既不願重來，大位不可虛懸，則何妨讓本帥一試！』

吳的意見根本不同，以爲與西南一致護法以促成統一，一面由舊國會製憲，憲法完成後閉會，再由正式國會產生合法政府乃長治久安之計。他對總統人選無成見，雖不反對曹而對曹之迫不及待則期期以爲不可，他本想自往天津迎黎，一以黎居租界，二則保方空氣對之非常惡劣，乃向金永炎間接表示，『時機稍縱即逝，此時若再討價還價，即我亦無能爲力。』黎乃發表『廢督裁兵』的魚電，其中有云：『

上自巡閱使，下至護軍使，皆刻日解職，待元洪於都門之下。……匪特變形之總司令不能存在，即劃分軍區、變形易貌之巡閱使尤當杜絕。」

七日曹吳覆電響應。十一日黎入京復職，以顏惠慶組閣，撤消六年六月十三日之解散國會令。新閣員之最使人注目者爲譚延闓之內務總長，吳佩孚之陸軍總長。黎的意思很明白，想利用吳的威望執行其『廢督裁兵』的主張。

吳於戰勝奉軍後，曾電請罷免三巡閱使（曹、張、吳）不入京以避干政之嫌，十三日始來京覲賀，當晚匆匆返防。保方對黎的印象開始即不佳，做了『最高問題』的障礙物不必談，另一筆賬不能不算：『你是我們捧出來的，我們白刀子殺進，紅刀子殺出來的天下讓你現現成成的坐，你叫我們滾蛋！』所以表面允裁兵，允廢督，是兩張不兌現的支票。

督不可廢，兵不可裁，黎大感狼狽。幸有陳光遠兵敗逃亡，乃裁江西督軍一職，聊以解嘲。六月十五日浙盧廢督改稱軍務善後督辦，此即黎所謂『變形易貌之督軍』，而黎不能過問，只發表一批又一批的省長，命令欲收『潛移默化』之果。但是紙老虎終於戳穿了：曹吳電請任命援贛總司令蔡成勛爲贛督，九月二日下令以蔡『督理江西軍務善後事宜』，此例一開，督軍之名一變再變，民元爲都督，袁世凱改爲將軍，後在兩名稱中各抽一字來叫『督軍』現又易簡爲繁叫『督理軍務善後』此而曰廢督，無異於『朝三暮四暮四朝三』。

不久又有馬聯甲督理安徽軍務善後，張福來督理河南，薩鎮冰督理福建，而廢督之主張實現此調不必復彈矣。

黎的最大打擊是發表湯薌銘的長鄂令，鄂督蕭耀南拒而不見。八月一日舊國會自行召集後，閣潮與議會搗亂魚龍曼衍，顏辭唐（紹儀）繼之局不成，改爲唐去王（寵惠）來，吳表示不就陸長，遂以吳之化身張紹曾爲代。十一月十八日內閣又發生軒然大波：吳景濂指控財長羅文幹訂立奧國借款展期合同有納賄證據，迫黎捕之入獄，而王閣爲之瓦解，改以汪大燮組閣，而吳有號電痛陳捕羅之違法，且對王閣擁護甚力。保方則策動王承斌發表敬電，齊燮元發表徑電，繼之以蔡成勛、馬聯甲、田中玉、何豐林、杜錫珪等一片囂聲，以直接打擊羅者間接打擊吳，而保洛分家之謠大盛。

事實上，保洛分家是津洛分家的訛傳，卻未嘗無弄假成眞之可能。先是直隸省長曹鋭聲名狼藉，吳不喜其人，鋭以此不安於位而去，與吳乃成冰炭。奉軍失敗後，北方變成了直系的天下。曹的左右忽然想把曹捧做總統，曹是個自知『德薄能鮮』的人，從前做布販子時代卜人許他將來有做縣太爺的福份兒，他當做惡意的譏訕，還賭氣打了卜人一個耳瓜子，可是他現在自居於『全國一人』的地位，也漸漸忘乎所以了。本來捧人上台乃入耳之言，一個人沒有不想往高處爬的，你若是捧他，不管捧得對不對，不管捧的動機怎樣，他總得把你當做自己人，曹亦不是例外。

銳以直隸省議會議長邊守靖爲軍師，直軍駐京代表劉夢庚爲『大典籌備主任』，進行所謂大選問題，以月薪二百元（後加津貼二百元共四百元）、聘爲巡署顧問、收買大批議員組織『全民社』爲擁曹機關，提出『解釋黃陂任期案』諷黎下台，以求實現其『先選舉後製憲』的主張。吳並不反對曹爲總統，他反對徐的非法總統，不願曹以非法取得，所以力主『先製憲後選總統』。

但吳當著曹的面恭順異常，從不多說話，也許他以爲曹對之言聽計從，事前用不著多作解釋，先幹了再說，事後曹斷無不同意之理。孰知吳對人生的體驗太不足，此何等事，而可以常情測之？假使吳那時採『知無不言言無不盡』的態度，曹必能撥轉馬頭，連連稱贊道，『子玉實獲我心。』

大選派（即津派）日日向曹進讒：『子玉不讓老帥做總統，有總統自爲之意。老帥不信，人人只知有子玉而不知有老帥了！』這些極合邏輯的話拆散了曹吳不可分離的關係。加以馮玉祥左遷爲陸軍檢閱使（由河南移駐南苑），王承斌未得督理，對吳均抱不滿，所以曹亦視吳爲『妄人』而不免怒形於色。幸曹頗有涵養，否則恐不僅怒之於色，或且有事實之表現了。

津振與吳各走極端，借內閣問題鬪法，吳之所好者惡之，吳之所惡者好之。王閣是吳所擁戴的，所以成爲津派的眼中之釘，以捕羅爲倒王之計。自吳發表號電後，津派又向曹進言，『子玉心目中那裏還有老帥』。曹果然動了眞火，號召反吳者舉行一次聲勢浩大的『電戰』，吳若不屈膝，將走到『兵諫』或『清君側』的一條老路線，而對曹萬萬不能像對段，乃於十一月三十日電曹聲明：『與王亮疇素不認識，僅於覲謁元首時與之一面，而與羅財長則無一面之緣。』

吳讓一步，津派進一步，策動交通總長高恩洪（常時洛方要人）的查辦案（以簽定鐵路材料合同舞弊賣國爲由）其意若曰：『秀才不倒，大選不成，去高逐王，而洛不競。』是年十二月九日曹六旬晉一大慶時，京保間各開三次專車把四分之三議員運來運去，各省代表蹌蹌一堂，吳是曹手下的第一大將，獨裹足不至。

汪閣曇花一現，繼之者爲吳的親家張紹曾，這是搬了吳的石頭打斷吳的腿的一種妙用。吳不叫張幹，張背吳向津派低頭，結果面面不討好，黎、曹、吳都投以憎惡的眼光。

直系對黎初則招之不來，繼則頗有揮之不去之勢。他不斷發表詞艱意晦的長電，尤以十二年元旦之『告宴電』爲最離奇他的勇氣遠過於過去戀棧的徐政客鼓動風潮，不理，議員冷嘲熱笑，不理。於動輒得咎之餘還說要『來清去白』：一面表示『辭職不成問題』，一面宣稱『非有合法總統決不去職』。

三月上旬張閣因粵、閩兩督理問題（保洛請以沈鴻英督粵孫傳芳督閩）辭職，旋又遷就事實而赧然復職。四月下旬軍警長官馮玉祥、王懷慶、聶憲廷、薛之珩等率代表百餘人向國務院索餉，繼以參謀部、陸軍部一片索餉聲，將造成無政府狀態使黎有不得不去之勢。五月七日臨城大劫案發生，（匪首孫美瑤爲張敬堯舊部故敬堯自告奮勇願往招撫北廷未允。）外交團紛致責難，國際共管之說大盛，乃張的勇氣不亞於黎，終不肯掛冠言去。

六月七日軍警長官直接入府索欠。黎說，『你們逼我走，我馬上走。』八口天安門有所謂『國民大會』散佈攻黎傳單。九日軍警罷崗一部包圍新華宮索欠。十日軍警至東廠胡同黎宅，天安門外組織『驅黎請願團』。這時吳電令李倬章赴津警告津派，『我對政治不預聞。你們要守法行事，勿使老帥落千秋罵名。』同日天津黎宅電請『總統來津避難，』黎說，『我不做徐世昌第二。』十一日黎訪吳景濂，景濂避而不見，乃回府約名流談話，到者寥寥無幾。十二日京畿衛戍司令兼第十三師師長王懷慶、陸軍檢閱使兼第十一師長馮玉祥會銜引咎辭職，有『積欠年餘，求之財陸兩部則負責無人，求之總統則謂非責任所在，呼籲無門，勢成坐斃』等語。黎眷乃避居六國飯店。

直到軍警入府索欠之前一日，張閣始以『製憲經費未交國務院主辦』爲由提出總辭職，張本人赴津，意在嚮應津派，以此拆黎的台。七日黎派金永炎赴津謝過，張謂『時局如斯，本人無能爲力。』十三日京師浮動異常，黎始張皇出京，其經過情形可由王承斌一電中得其梗概：『總統以金永炎名義專車秘密出京，並未向國會辭職，印璽亦未交出。承斌當即乘車赴楊村謁見，請示印璽所在，總統語意含糊，繼云在北京法國醫院，由其如夫人（危氏）保管。乃屢次電京，迄未允交。嗣悉總統瀕行有致兩院公函云：本大總統認爲在京不能自由行使職權，已於今日移津，等因。黎邸在英租界，非組織政府之地，懇請移駐省公署，徐圖解決，不蒙允許，現暫住新車站。保護之責，承斌義無旁貸，餘續布。王承斌元』。

十四日薛之珩等在京覓獲印璽（黎電令家人繳出），同日黎發表辭職寒電，閣員高凌霨等宣告攝政。十六日兩院予以通過。但黎離京之前，曾派李根源署理國務總理，金永炎爲陸軍總長，且下令裁撤巡閱使、副使、督軍、督理、護軍使各職，所以他在津另發通電，聲稱離京非離職，令各省興師平亂。黎欲邀民黨及段、奉、浙各方在滬組織臨時政府，且預立遺囑，以家財三百萬之半提供政府活動費，於九月十一日抵滬，但各方對之冷淡，乃廢然繞道日本返津。

黎去後，王懷慶首先發表『促選總統』的諫電。其時議員紛紛出京，先之以黎派議員，繼之以民黨議員，且全國對津保抨擊甚力，津派懾於各方聲勢，乃變計有『先憲後選』之主張。（七月下旬曹有養電作此主張。）吳在這一時期中一言不發，直到曹電發表後，才以敬電響應。但津派排吳，仍力有聯奉制洛說，又欲命吳由洛移漢，專管兩湖的事。八月十四日竟以直奉之役『禍首』張弧繼任財長，命之籌辦大選費。吳景濂允包辦選舉，津派許以組閣，而大選又從冷靜中再度熱鬧起來。

十月五日選舉之結果：議員出席者五百九十人，曹以四百八十票當選，票價每張高至五千元，由潔記（邊守靖字潔卿）簽名在北京大有銀行兌款。雙十節曹入京就職，『憲法』同日公佈。這是民國歷史上的一大污點，直系的自殺政策，吳的一大心病。

# 洛陽花絮

十二年四月二十二日（舊歷三月初七）吳五旬壽誕，吳禁止部屬入洛慶壽，且在各報刊有『謝入洛賓客啓』。吳對部屬向以嚴厲稱，所以各將領不敢來，只有豫督張福來地則居咫尺，誼則有金蘭之好，自覺萬無不來之理。入見時吳睜著一雙怪眼說，『你來幹嗎？』張敬謹回答，『爲大帥祝壽而來』吳厲聲說「怎麼，你沒看見我的電報？有工夫拜壽何不破工夫約束你的兄弟，你的兄弟比趙前督的兄弟（趙倜之弟趙傑）有何分別？」其時有河南各界代表多人在座，張不覺愧汗如雨。吳又提出逐四凶除八怪，所謂四凶、八怪都是張手下的紅員，有乃弟及督署參祕兩長、軍需處長等人。張回到開封後，把一口毒氣都呵到他們身上，一律予以革職，一面電吳稱，『以後用人行政，事事稟命而行』。

河南督軍原可呼之爲『河南王』，自吳駐洛以來，河南王變成了矮屋下的小媳婦兒了：趙倜畏吳如虎不必說，馮玉祥任豫督時亦深以榻側有虎爲患，張是吳的直屬部將，所以對之更不客氣，往往不爲稍留餘地。吳對張抱著『親而不尊』的態度，常謂『子衡（張字）爲人老實，我不能不好好監督他』。

祝壽將領尚有第十四師長靳雲鶚、陝軍第一師長胡景翼等，吳向之頻頻揮手，『你們快快回防去吧！』賀客中最受優待者爲康有爲，呼之爲老先生，派巡署顧問潘靈璇爲招待專員。康撰聯語諛之云：『牧野鷹揚，百歲勛名纔一半；洛陽虎踞，八方風雨會中州。』吳頻頻向之稱謝。

可是康有爲是有爲而來的：過去他有『文聖』之美譽，因與張勳同爲復辟派，一般人遂將『武聖』頭銜贈給張大辮子，康不以爲可。這時他看中了吳的赫赫武功，看中了吳是秀才出身，看中了吳抱有復古思想與移風易俗的宏願。看中了吳以關岳自況，他想把『武聖』這尊號恭獻給『洛帥，』那麼文武兩聖珠聯璧合，天下事業豈不大有可爲？不料吳對之尊而不親，使之大大失望而去。

大選消息一天比一天緊，吳的酒興一天比一天豪，脾氣一天比一天大。豫籍國會議員陳某來訪，吳說，『你來幹嗎？』陳未及作答，吳向之頻頻揮手說，『製憲問題爲先，少管閒事爲妙。』

一天，吳醉後揮毫成詩四首：

1時來到處人親近，運去逢場亦不歡。軍界人才帳下狗，民國法典鏡中天。

2無端臨城遭事變，官府屈服匪人前。瘡痍滿目無人問，國破家亡有誰憐。

3薰穴人多元首願，下車無策向誰言。堂堂疆吏開頑笑，官場當作戲場看。

4青山石上磨刀劍，枕戈待旦五更寒。胯下受辱非本願，吹簫乞食心不甘。

吳詩素不高明，此詩尤見惡劣，詩以言志，其滿腹牢騷可知。

吳得著黃陂狼狽去職的報告，連呼『毀了毀了！』從此酒量益宏，兩目盡赤。曹電邀赴保，一面，竟托詞不往，他在報上發現他自己擁曹早正大位的寒電，電王承斌大發雷霆之怒，『誰揑造我的電報，我要誰的命！』王急令各報為之更正，一面覆吳云，『查此電係東方飯店旅客羅某發交各報，館其人今已不知去向。』

造化小兒像在有意捉弄他，極端得意時偏逢著極端失意的事，極端失意時卻又偏來著極端得意的事。一天，德國小姐露娜從北京到洛陽，抱著崇拜英雄的一種心理，找著她的親戚——北京德使館館員——寫了一封介紹信，不遠千里而來。不錯，過去吳的風度是擲果傖香之類，可是現在呢，黃澄澄幾根鼠鬚，烏糟糟兩排黑齒，清癯的臉龐上配著一雙大而赤的眼睛，寧足當西方安琪兒之一盼？可是露娜向之飄送媚眼，向之情話喁喁，把他當作理想中之對象。吳對『戀愛經』素乏研究，且不感興趣，露娜的一番熱情無異於『對牛彈琴』。

露娜回京後有信來，乾脆說，『吳將軍，我愛你，你也愛我嗎？』這給巡署譯員一個大大的難題了：『堂堂洛帥乃中國舊禮教之忠實信徒，這封信呈上去呢，還是留中不發？』他請示郭祕書長（其時郭未死，）郭笑著說，『還是呈上去，你無權扣留大帥的情書。』譯員只好硬著頭皮如命而行，一面暗覷臉色，見吳不怒而笑，知道釘子是不會碰的了。後來一連又來幾封信，吳不免得意忘形，偶向張夫人提及，意若曰：『你放心，我不會鬧離婚。但你莫把我這老頭子當一件滯貨。』那知張夫人爲著假愛情動了眞氣，天天鬧著要扶正，吳在政治上陷於兩難的苦境，家庭中又起風波。自李夫人謝世後（湘軍援鄂之時）吳已無續娶之念，所以張夫人一鬧，他只得寫了若干信，寄了若干盤程把蓬萊吳、李兩家幾位老族長請到洛陽來開了一次『族戚聯席會議。』吳慢慢說到本題，表示本人決不另娶之意。不料族長們都是些抱殘守缺的古怪老頭子，一唱一和地說道，『這事用不著馬上就辦吧，等到將來你暮年高蹈時再談吧！』

吳說，『我一定要辦，請諸位親長做見證。』

他們卻推三阻四地說，『那麼緩幾年再辦吧！』

吳固執地說，『我馬上要辦。』

當中一位年紀最大的吳姓族長摸著鬍子說，『一定要辦，吳大帥下一道委任狀好了，要鄉下窮老頭兒做證幹嗎？』這意思分明是『你有你的統率十萬貔貅的威風，我們有我們誓死擁護舊禮教的骨氣，我們不依你，能把我們怎樣？』

事情越弄越僵，最後是不歡而散。就在這個時候，吳有一個堂房姪兒吳道運由馬弁剛剛升了副官，興匆匆地跑到嬸娘房謝委，張夫人見景生情，叫他把委任狀拿來一接手撕成碎片，陡然大聲斥道，『你還是當你的馬弁去吧！』

道運眞正倒運，張夫人逼著吳收回成命。她搬出一大篇正道理來向吳說，『你最反對任用私人，難道你的姪兒不算私人？姓吳的沒有一個好東西，從今以後，不許再用本家。』

吳果然下了一道手諭：『天、孚、道、雲、龍、五世永不敘用。』這五個字是蓬萊吳姓的派名。

至於那位德國女士呢，不久回到德國，仍不斷有信來，足足糾纏了兩年之久。

# 賄選後

賄選後曹做曹的『總統，』吳練吳的兵，一年中很少碰頭的機會。那時保洛分家之謠愈傳愈眞。事實上，曹的左右沒一個不恨吳，暗中欲組織『新直系』把吳打入冷宮，這就是『倒吳不倒曹』的計畫。但吳是曹的最大本錢，除賄選問題偶有參差外，曹始終扔不了子玉，並且自曹就職後吳絕口不唱高調，所以曹的左右想把曹吳分開，而兩人終屬一體。假使曹惑於左右之言把吳一腳踢開，吳是不會稱兵抗命的，也許後來不會發生直系分裂及延慶樓囚曹之一幕，反吳者因『擁曹倒吳』之計不成，所以才下了曹吳並倒的決心。

吳雖不問朝政，各方仍視爲叱吒風雲的中心人物，英美譽之爲「強者」無論矣，蘇聯亦稱之爲『進步軍人，』派漢文參贊伊維諾夫訪問洛陽數次，想利用他推進種種運動。但吳完全是國貨，不挾外國背景，他反對安福系和奉系勾結日本，是站在中國人立場說話，與英美派毫無聯絡，與蘇聯更如風馬牛之不相及

十三年是吳一生的鼎盛時代，亦爲其盛極而衰的轉捩之點。他抱著統一宏願，不獨無統一全國之

功，且直系內部亦告分裂，這由於吳之好管閒事、心地坦白、不知顧忌、不計利害、對政治理解無多、對人生體驗不足之所致。舉數例以證之：

奉張是他心目中唯一的敵人，所以他力倡『尊段聯盧』之說，要選盧永祥爲副總統，反對江浙以兵戎相見。他一再聲明自己不做副總統，而推讓浙盧，則係『從大處著想』。其聯盧確出誠意，浙江軍人張載揚、潘國綱等派代表來洛祝壽時，與學兵團團員劉希聖來往頗密，劉上了一個『釜底抽薪』的條陳，主張聯絡浙系軍人，藉以牽制盧。郭祕書長在條陳尾端批了幾句話，『巡帥對盧嘉帥最佳，越級言事，巡帥最所不喜，要做官另想他法，莫找釘子碰。』郭爲吳身邊最接近之人，深識吳的心理，決非自作聰明者可比。

吳卻進行另一套『釜底抽薪』的策略：密遣奉籍學兵回奉加入奉軍幹部，想造成『裏應外合』之局。他逆料將來用兵關外時，日本必然採取干涉手段，爲避免日人藉口，自以『速戰速決』爲佳，爲縮短戰事，以內應有人爲終南捷徑。他的心思整個兒都用在對奉問題上。

聯浙制奉，大爲津派所反對，津派另有聯奉制洛的一種妙腕，欲以副座餌奉張，與之言歸於好，寧開罪於洛，而不願絕緣於奉。另一阻力是齊燮元，齊以報効選舉費之功，與吳爭著直系的第二把交椅，且對副座問題尤思染指浙盧是齊的眼中釘，去盧則『東南半壁唯吾獨尊』，所以齊與孫傳芳相約進行『兩面夾擊』的計畫。吳苦心籌畫成立了江浙和平公約，齊則認爲吳乃直、魯、豫巡閱使，怎好干涉到江、浙地盤來！所以直系除津、洛兩派外又有寧派，寧派對津派組織『新直系』的計畫是深表同情的。不久因江浙之戰牽動直奉二次之戰，直系爲之瓦解，實則戰前的直系內部早已瓦解了。

吳以練兵爲急務，有學兵團、幼年兵團、講武堂、軍官講習所、鐵甲車隊、炸彈隊各種組織。洛陽有飛機四架，擬從幼年兵團中抽選航空人才，學兵團練習開車（火車）。鞏縣兵工廠在擴大組織中，吳擬抽調各部隊軍官輪流受訓，這些都是太規模軍事準備計畫。他忽然想到戰時謀指揮之統一，應以師爲單位，凡巡閱使、督軍之兼任師長者應解除師長一職，這主張被人誤解爲『武力中心主義』，對之益有怨讟叛離之勢。

把上文所說的老笑話搬來再說：做師長是住在樓下，督軍是住二樓，巡閱使是爬到高高在上的三樓，而曩年軍閥確具有『魚與熊掌二者得兼』的心理，一方拼命往上爬，一方死守著樓下房間不讓別人住。這理由是淺而易見的，師長是牆基，牆基不固則爬得愈高跌得愈快，他們決非無意識地爭此區區師長一席。

吳辭第三師長兼職爲之倡。曹說，『第三師是北洋正統，舍老弟莫屬。』吳不便再辭，乃將直督王承斌所兼之第二十三師、豫督張福來之第二十四師鄂督蕭耀南之第二十五師師長一律開去。這叫做，『只許州官放火，不許屬下點燈。』他對付直屬部將猶可說，又想開去齊燮元的第六師長王懷慶的第十三師長鄭士琦的第五師長。鄭的表示是『寧降一級敘用辭魯督而不辭師長。』後來吳以孫宗先繼任第五師長，直奉再戰時鄭截斷吳的後路未嘗與此無關。

直系分裂不待二次直奉之役而後知，即其相從二十餘年、奉命唯謹、自此周倉的張福來對吳亦敢怒而不敢言，外乎此者更可想而知。吳樹敵於部將之不足，進而樹敵於友人：十三年三月間命葛應龍、馬濟等赴湘逼趙取消省憲，叫葛等坐候回音，『三日不能則五日，五日不能則七日，七日不能，張福來一師枕戈待命，莫怪我反面無情。』趙答以『湖南不是我個人的湖南，要徵求各軍官的同意，』乃以之取決於軍事會議，當然一致否決。葛等以『軍人重服從』爲言，責趙之不負責任。趙又說，『還有省議會，議會是湖南的眞正主人，』乃又以之諮詢議會，又一次當然否決。吳盛怒之下，罵趙太圓滑，太不夠朋友。趙說，『我寧辭職不幹，不能由人擺布。』而吳不得不軟化，不軟化則硬幹，硬幹則第二次湘鄂之戰難免，這是吳虛聲恫嚇政策失敗之第一次。

吳不僅干涉江浙問題，及湖南問題，對川對閩亦然他的『巡閱使』範圍無形中擴大到全國。過去他採取『舍己從人』的態度，恢復法統以求『和平統一』，乃事與願違使他不知不覺地拾起了段的『武力統一』政策。他抱著『選以賄成而憲非賄成』的主觀見解，忽視了時代性，忽視了『狗口裏長不出象牙來』的淺近譬喻，實誤於『偏』之一字，而『偏』字乃古往今來若干賢豪之士的同一陷穽。

十三年五月王承斌因師長被奪（以王維城繼）放了第一砲——以辭職爲武器，響應之者有馮、齊等。論者謂：『直系以外有三角同盟，直系以內亦有三角同盟，後者以同盟罷工爲逼曹去吳之酷腕』。曹慰留愈堅，他們辭得愈起勁，曹氣得大呼『要走大家一起走！』有人向曹建議不妨召集一次團結內部的直系會議，曹覺得不成話，欲把樓房一層層地高築上去——以吳爲七省經略使、馮爲察熱綏三特區巡閱使、王爲直魯豫巡閱使，因江浙之戰而止。

曹是著名『好好先生』，爲兩面敷衍計，以東南問題責成齊，東北問題責成吳，彼此各不相犯。不久以浙盧收編臧（致平）楊（化昭）兩部爲導線，寧方進兵黃渡，吳命李濟臣（豫省長兼吳之參謀長）調解無效。九月三日兩軍開始接觸，盧組織浙滬聯軍，發表江電討曹而不及吳。七日北廷下令討盧。此後兩軍爲濠塹之戰，戰局逐日無變化。十七日孫傳芳軍已越仙霞嶺，浙江警務處長夏超態度不明，浙軍第一師長潘國綱、第二師長張載揚（兼省長）作戰不力，是日盧以『浙人還浙』爲名移駐淞滬，以夏超代理浙江省長。十月十三日盧與何豐林下野東渡，北廷任孫爲浙督兼浙閩巡閱使。（盧失敗之前，雷峯塔忽倒，因此迷信家傳出許多神話來）。

# 第二次直奉之役

奉張與浙盧相約同舉兵討直。江浙戰事發動後，奉軍亦分五路入關，其將領爲姜登選、李景林、張宗昌、張學良、郭松齡等。奉張自上次失利後，鑒於老兵老將之無用，起用少壯派訓練新兵，刻刻以復仇爲念。這次起兵除宗昌、景林爲客籍將領外，餘均爲奉軍之少壯派。

宗昌自綏芬河一役以『盲目戰爭』僥倖獲勝後隊伍已擴充到萬人。奉張的排外思想牢不可破，始終不想重用他僅予以綏甯鎭守使虛銜，不給他的餉械。宗昌是久在關外謀生的山東人，這路人都懂得幾句咭哩咕嚕的俄國話。那時白俄謝米諾夫殘部退到綏芬河來，宗昌和他辦交涉，勸他繳械，願負個人安全之責，這一來宗昌平白添了步鎗五六千隻。他的軍餉不外乎濫發軍用票，紙頭上蓋著鎭守使官印，塡上五元、十元數目，宗昌一輩子做事就是渾蛋，他的江山是從做渾蛋的作風打下來的。關外山東人很多，老鄉照顧老鄉，所以他發行軍用票不知有多少，他的亂糟糟的隊伍擴充到不知有多少，這就是老粗『白手成家』的一套本領。

奉張始終看不上這個漫無條理的破落戶。他重視新派人才，想把所有雜軍次第解散，先調宗昌部移防奉東輝南縣一帶，令與李景林部隔著一道蛤蜢河演習秋操，自己親臨觀陣。奉張的意思是讓李部戰勝了宗昌部，然後以宗昌部不能作戰爲由解除其武裝。不料演習時宗昌部亂糟糟地渡了河，李部節節後退，奉張不禁爲之愕然：『這個破落戶打仗倒是很不錯的樣子。咱們正在用人之際，也許他能夠繫敗步伍謹嚴的正規軍。』他臨時變了卦，委景林宗昌爲奉軍一二兩軍軍長，布防山海關之線。

奉張把宗昌擺在前線，還是抱著勝則功歸己有，敗則犧牲別人的心理，不料宗昌倒因此成了先入關的要角了。並且吳的部下大多數都是山東人，吳敗走天津後，老鄉不打老鄉，吳部紛紛投入宗昌旗幟下，因此奉系下造成了直魯系的新興勢力。這麼說，宗昌並非奉天嫡系，不過借尸還魂，而奉張保宗昌及褚玉璞爲直魯督辦，亦爲調虎離山之計。

這些都是後話。且說奉軍發動後，曹連打十萬火急、百萬火急，限即刻到電報召吳入京。吳亦知直系諸將之離心離德，舊將不可用，而新兵未練成，派到關外的『第五縱隊』羽毛尚未豐滿，軍需、軍糧無準備，禍是別人闖下來的，沒有充分把握的仗卻要他打，但他不能不去。九月十七日吳乘車抵京，從車站到公府五步一哨，十步一崗，馮玉祥、王承斌、王懷慶等排隊兒歡迎，這是黎走曹繼以來吳到京之第一次，爲其生平最威武之一次。

曹見之歡笑異常像吞了一顆定心丸，連說，『子玉，辛苦你了！我老了，一切便宜行事』直系諸將對之亦表示極端恭順極端服從的態度，吳的疑雲被事實一掃而空。『大敵當前內部焉有不團結之理？』

曹早已準備四照堂爲吳的總司令部。十八日發表討奉令。是日吳在四照堂親筆點將，和總部政務處長白堅武各據長案之一端，國務總理顏惠慶踱過來時白大模大樣地端坐著，只把頭略點一下。區區幕僚意氣之盛，竟比於八面威風的大將軍。吳是測量學生出身，微時在吉林從軍有年，懂得東北山川形勢及每一軍略上要點。他的點將錄分爲三路，就是完完全全的作戰計畫：第一路彭壽莘，第二路王懷慶，第三路馮玉祥，後援軍總司令張福來，海軍總司令杜錫珪，副司令溫樹德。並以王承斌爲討逆軍副總司令。從下午二時直點到晚十二時，剛剛寫到『總司令吳佩孚』變個大字時，總統府全部電燈驟然熄滅，這是每晚十二時例有的現象，但不先不後，剛剛點到自己頭上眼前一片漆黑，一般人頗疑其不祥。

命令發表後馮部要求發餉後開拔，吳說，『兵臨城下，難道不發餉就不能打仗？並且王懋寅沒來要餉』。（懋寅爲王懷慶字，時任察熱綏巡閱使。）馮部要求多撥車輛，吳允撥四十輛。此後馮採取步步爲營的策略，自北京至前線拉成一條塔形長線：前方只有疏疏落落變個斥堠兵，愈到後方兵力愈厚。那時所謂『新直系』早已擺下天門陣，大家觀望不前，讓吳親自出馬，倘吳打出山海關，即包圍曹任吳爲東三省巡閱使他們把守關口不讓吳回來這就是倒吳不倒曹的辦法。倘前方失利，他們即回師直搗北京，馮部把後方改作前方他的兵力集結於平津附近這就是曹吳同倒的另一辦法。

吳點將之翌日，日本公使走過來探聽口氣，希望吳打到奉天後保持日本人的既得權利。吳睜大著眼睛說，『這我可管不了，你得問外交部去。我的任務是討賊，任務完成後我不要東三省地盤，依舊回到洛陽去』。他顯然拒絕了日人的要求。後來他失敗與外交問題有莫大關係。

第一路出山海關爲直軍之主力，彭壽莘、董政國、王維城都是吳手下的有名戰將。第二路集中朝陽，以殺軍米振標部爲輔，是三路中最弱之一環。第三路出古北口由馮部張之江、李鳴鐘、鹿鍾麟等擔任。除三路之外，並以第十五旅長孫岱代理京畿警備總司令，曹銳爲軍需總監。

那時奉軍取攻勢，派飛機向山海關投彈，而直軍則奉令取守勢。吳狃於湘鄂之役以海軍奇襲岳州而制勝，暗調渤海艦隊集中秦皇島，欲用海軍進攻葫蘆島，另以奇兵繞海道由營口登陸直搗瀋陽，所以到京後二十餘日，不論前方軍情怎樣緊急，他只在四照堂從容不迫地飲酒賦詩。曹一再催促他出發督師，意若曰，『你這個端坐在四照堂的總帥我也會做』。而吳岸然不動。但淮軍方面溫樹德不願爲吳出力，是吳所計算不到的。前方九門口吃緊，朝陽已失，而海軍配備未就緒，吳不得不於十月十一日出發榆關藉以振作士氣。

奉軍開始是『擇弱進攻，』王懷慶一支兵馬抵不住，繼而把守九門口的第十三混成旅長馮玉榮通奉，九門口失守後奉軍遂改向直軍主力猛攻，吳自己趕過來督戰，玉榮畏罪自殺，所部由吳直接調遣，九門口雖未能奪回，卻已另築陣地，前方賴以穩定。

當第一路戰事打得落花流水的時候，第三路按兵不動，奉方亦不以一矢相遺。馮玉祥在懷柔坐觀成敗，所得情報來自總部者則謂『勝利之期不遠，』來自日方者則謂直軍士氣如何不振，前線如何危急。當其時，總部參謀長張方嚴拍來一電促馮進兵，有『大局轉危爲安賴斯一舉』之語，此電過甚其詞，意在促馮部出發，而不料鑄成大錯，其內容與日方情報相合，促進了馮部『移後方作前方』的決心。

十月二十三日六時馮與孫岳、胡景翼通電主和，班師回京，另組中華國民軍，（馮任總司令兼第一軍長，孫、胡任第二第三兩軍長）。提出停戰、懲辦禍首兩要求。二十四日曹下令停戰，免吳之直魯豫巡閱使，改任爲青海墾務督辦，所有討賊名義一概取消。十一月三日曹通電辭職，幽居延慶樓。

二次直奉之役吳之一敗塗地，事後很明白，除外交關係外還有兩大因素：第一，吳太不懂政治，對外祇一味樹敵，促成奉、皖、馮與西南之大聯合，而不知用釜底抽薪之策分化他們的勢力。對內漫無組織，祇一味盛氣凌人，促成高級幹部之離心離德而召魚爛土崩之禍。第二，戰略上錯誤，閃電戰是他的特長，就全盤而論，顧前而不顧後，顧左而不顧右，勝則追奔逐北，敗則後方空虛，一蹶而不可復振。當事機危迫時，曹打限即刻到電報命吳回師靖難，吳以前方正在節節得手，不忍功虧一簣，還以為馮的行動只是個人行動，想命孫岳等部抵擋一陣，一面急電魯督鄭士琦派兵應援，那知鄭早與皖系通款，山東方面只有混成旅長潘鴻鈞自動赴援（潘是吳的親同鄉），結果被馮部包圍繳械。

倒吳不倒曹的計畫，吳亦微有所聞，他以為曹是忠厚長者，無論誰不會對他下辣手的。當曹一日數電聲嘶力竭的時候，吳還打電報請他下令制止馮軍異動，後來知道馮與孫岳、胡景翼、王承斌等聯為一體，已由廊坊進逼楊村，才匆匆帶了一團衛隊於十月廿六日趕回天津來，把討奉前方軍事交給有勇無謀的張福來。假使他那時敏於赴機，把前方大軍掃數撤回天津，以潘旅為接應，逐走鄭士琦而與南方齊變元、孫傳芳等相聯絡，大事猶有可為。不料他沒有『壯士斷腕』的決心，把一團衛隊連著他自己陷於四面楚歌中，其胸無主宰可知。

專車開到天津老站，吳不肯下車，因老站是租界，他到禍已燃眉時還是牢守著『不入租界』的主張。他吩咐把專車開到新站，那時他已知張方嚴發電給馮一件事，有人說事情都壞在張的手裏，吳謂『

以行為論，固應軍法從事，姑念其心無他，免予處分。』十一月二日楊村不守，馮軍由北倉逼近天津，吳在車上假寐片時，參謀處不由分說把車子開回老站，吳醒時大怒說，『誰要我上租界我要誰的腦袋！』

不上租界那只有死路一條。幕僚們不願等死，又不敢向吳說話，只嘁嘁喳喳地互相耳語，焦急驚慌的顏色擺在每個人的面孔上。『諸葛亮臨危時還有一套空城計，咱們大帥安排著什麼主意？』

## 浮海而南

吳好像窺破了他們的心事。他慷慨激昂地說道，『我留在天津不走，看煥章把我怎樣！』

這問題是很容易得著答案的：不走，就得做俘虜，不願做俘虜就得自殺。幕僚們一個個像熱鍋上螞蟻，車廂裏充滿著死一般靜寂空氣。正當其時，海軍部軍需司長劉永謙（字六階）跑上車向吳說，『我替大帥預備好一條船，我們把車子開到塘沽去。』

這是死裏逃生的最後辦法。原來渤海艦隊司令溫樹德早與皖奉勾結把艦隊帶走，劉是海軍中人，華甲運輸艦長是他的知己朋友，他老早把這條船安頓好，準備到最後關頭載吳脫險。他看到馮軍距天津只有十餘里，所以硬著頭皮跑來勸吳『三十六計，走爲上計。』

吳自覺做俘虜只有更壞的命運，才臨時下了走的決心說，『好，就這樣辦。』

三日吳離津赴塘沽轉由海道南下，其時魯鄭宣布中立，拆毀滄州、馬廠間軌道以阻潰兵南下，一面嚴令山東沿海各口岸拒吳登陸。七日吳乘艦過青島，溫樹德一面拒絕登陸，一面卻做了雪中送炭的熱心朋友，派人送來大批食物。吳下令啓椗南下，十二日由吳淞口折入長江，十四日過南京時齊燮元曾登艦與之一唔。同時南通張謇寫了一封慰問吳的信：『子玉將軍麾下：將軍爲國家而戰，爲主義而戰，戰不足爲將軍罪，將軍之敗敗於內奸與外謀，敗不足爲將軍辱。下走平日雅重將軍，介以將軍之敗愈增敬愛。時難方殷，願將軍爲國珍重，少飲酒，勿任氣，將軍幸甚，國家幸甚。』信末附以詩云：『壯語招時忌，斯人實可嗟。一舟成敵國，四海欲無家。治易劉中壘，能軍李左車。盈謙有消息，尺蠖即龍蛇。』吳與名流結不解之緣，洛陽做壽時康有爲贈以對聯，這時對張的熱情深受感動，他嘆了一口氣說『季老眞是窮途知己。』

附帶幾件事有簡括一述之必要：第一，奉軍先入關者爲奉張利用他做『砲灰』的張宗昌，直軍歸路既斷，大部份被宗昌吸收，小部份由馮軍及魯軍收編，可謂全軍覆沒，津派與洛派同歸於盡。第二，馮發表宥電請段（祺瑞）出山，蘇齊東電響應，浙孫佳電附和，此後各省一片擁段聲，其中有若干疆吏過去都是反段的。吳在海途中一路遇著『打死虎的英雄，』無『乘桴浮海』之樂，有『茫茫無岸』之苦，段在津宅佛堂裏每天收著『我公不出如蒼生何』的電報。十一月上旬奉、馮、盧先後抵津，請『芝老收拾殘局。』第三，浙孫尙不失爲敢作敢言之勇士，其佳電除擁段外附帶替吳說了變句話，謂『玉帥智勇兼備，允宜加以護持。』第四，推倒曹、吳後，王承斌亦退處無權無勇之地位（終出於『眞』辭職之一途）第五，段有用吳制馮之意，而吳不肯爲所用。

自『賄選』一幕以來，吳雖未參預其聲譽則有一落千丈之勢，這由於（一）吳爲直系首屈一指之大將，直系既爲國人所詬病自無『獨潔其身』之可能。（二）吳之偏見益深，迷途不返，不知不覺中由一個革命健將步了北洋軍閥的覆轍，所以直皖之役與第一次直奉之役國人暗中都替他『使勁』一如比賽足球時之『啦啦隊』，然但二次直奉之役則觀或不同，衹英美記者爲之張目，而日記者爲奉張張目，實則吳與英美如風馬牛之不相及。吳兵敗南下後，國人不同情眼光中尙含有若干惋惜之意，這足證明國人並非『打死虎的英雄，』反有『同情失敗者』的一種心理，再則國民軍富於革命性的非常之舉與國人守經蹈常的傳統性不相適合。

# 風蕭蕭兮漢水寒

湖北省議會及各公團聞吳即將來漢之訊，紛紛宣言倘吳以個人資格過漢，當向之表示相當敬意，倘作政治活動，則採取干涉態度。不待說，這些都是鄂蕭對吳的擋箭牌：那一時的民意倘無軍閥爲其背景是不能表現出來的。吳過南京時曾與蘇齊商組『護憲軍政府』問題——各省巡閱使、督理均加元帥銜，曹遙領『大元帥』以吳代行職權，這完全蹈襲了民國八九年軍政府的方案——齊表示贊成，僅以『軍政府』不設於南京爲條件。吳於十七日乘艦抵漢，不待鄂蕭同意，貿然發表吳、齊、蕭、孫及全體直系將領的篠電，設立軍政府於武昌。那知蕭正以吳之入境迎拒兩難爲慮，豈願引火自焚？這是吳對人生體驗不足的另一證，無怪蕭通電否認，而列名各將領亦無一不起而否認了。

豈惟否認而已，舊直系全體將領以齊、蕭、孫領銜發表皓電，籲請『芝老出山救國』。吳在漢口自覺不能立足，遂於十八日乘車向洛陽出發。臨行囑齊、蕭『聯防互保』，莫讓段（段於十一月廿四日入京就臨時執政職）各個擊破，這話倒深深打入了他們的心坎。

奉、馮間不久即有破綻，馮天天嚷著辭職出洋，奉張鬧著要出關，（段對東南不主用兵十二月一日張拂袖出京。）段則忙於挽留。十一月馮通告下野敬電有云：『祥與曹吳或曾受知遇，或誼屬同袍，愛護固素具苦心，而公私卻不能無別。今曹雖引咎，吳尚負嵎，幸合肥蒞都總執國政，祥雖下野，得為自由國民，於願足矣。』馮另有致吳敬電略云：『弟與吾兄私交固厚，然武力政策萬萬不敢苟同。此次旋師回都，未蒙鑒諒，且屢電嚴責，天下洶洶，禍將復作。弟已決計解除兵柄，望兄將所統部隊完全交付中央，與弟共遊歐美，為異日効忠民國之用。犧牲個人之政見，服從多數之民意，不得謂之怯，解除兵柄，為廢督裁兵之倡，不得謂之恥，從此和平實現，統一可期，則其仁其智其勇，尤足昭示百世矣。』吳不報，卻另以敬電致段，稱『芝老夫子』其中有云：『津站奉手教，深感誨導。項城帝制自為，夫子期期以為不可，而奉命入川者扣膝得請乃行，其後首先與項城脫離關係者，即扣膝得請之人也。天下於是益多夫子之義，而夫子之忠於項城乃大白於天下。大選之議初起，佩孚固嘗以緩進請，不圖攘臂請命者卒逐黃陂。及其程序既備，大位已定，威迫元首者又當日之攘臂請命者也。今又以此試夫子矣！夫子縱不自危，佩孚不能不以夫子之為項城危者為夫子危之，願夫子之有以自處也。佩孚年逾五十，位已至上將軍，遭逢時會，得為太平之民已足。夫子膺和平重任，則請告奉軍馮軍、各歸原防，佩孚敬謹遵命，永誓生平；若夫子之命不見信於人也，破壞和平之責既有所在，佩孚退保鄂豫，聯合諸昆，躬操甲冑，効命疆場，軍人之責也，亦夫子之教也，敢不惟力是視!』段覆以東電呼『子玉老弟,』有云『善戰者服上刑,古有明訓,効命疆埸,俟諸異日。要知四大皆假,萬象皆空,過眼繁華,似有若無,望弟放下屠刀,勿礙統一,免受口責。』

十九日吳抵鄭州,即晚轉車赴洛。不料末路人到處遇著『打死虎的英雄,』陝軍師長憨玉崐由潼關遞來一道哀的美敦書限二十四小時內離洛,吳匆匆登車出走,臨行命張方嚴李成霖留守洛陽。憨對吳原無恩怨之可言,他的目的是——臥榻之側,不容他人鼾睡。十二月一日他到了洛陽,張化裝逃走,李開城迎降,憨委爲暫編第一旅長,一面揮動人馬追吳直追到鄭州,自以爲建立不世之功,豫督一席穩穩到手。不料胡景翼由黑石關渡過黃河,演爲胡憨之爭,這個打死虎的英雄畢竟不是活虎的對手。那時段政府任胡爲豫督,胡不久以毒疔逝世,憨亦自殺,誠如段所謂『四大皆假,萬象皆空。』

吳到鄭州與張福來會合後,知大勢已去,命張福來下野,欲與之同赴武漢,蕭急電阻駕,乃於三日赴鷄公山暫避。吳上鷄公山時只有孟光隆一旅相隨,吳編之爲衛隊旅。這座山雄峙於鄂豫交界處武勝關之北,與江西廬山同爲漢口西人的避暑勝地,吳卻把它作了消寒之地。吳在山中舉頭望明月,低頭思量自己的身世:由一個小兵做到名震寰宇的大帥,再由大帥變成了無家可歸、無地容身的逋客,段執政天天鬧著要『活捉吳佩孚解京問罪,』人海茫茫,究竟何處是安身立命之所!河南已爲國民軍占有,眼前都是仇人，差幸山下柳林站（京漢路小站）是鄂軍暫編第一師長寇英傑的防地，寇與吳有著一段淵源，這是窮途中的一條生路。

鄂督蕭耀南是吳的部將，照理吳到武漢是不愁沒有下榻之地的。話得說回頭，『一朝天子一朝臣』，蕭現在做了段執政手下的一個疆吏了，老上司雖親，不如自己親，蕭敢於包庇段的『叛徒』，因而影響到自己的地位嗎？光是不包庇還不成，段一日數電要擒吳入京，意思說，『你是直系餘孽，你得把吳捉到手做見面禮表明心跡』。蕭既不敢包庇吳，又不願做賣友求榮的罪人，想來想去，拿定主意只不許吳跨入轄境來：『你住雞公山也好，住鴨母山也好，只莫到湖北來變成了我的禍水』。

莫說蕭處段吳之間左右爲難，連寇在吳蕭之下亦有莫知適從的苦悶。蕭打電報給寇說，『你代表我上山見大帥，只提一句話——條條路好走，只莫到湖北來』。寇只得上山陳述蕭的意見。吳說，『你來得正好，我正要到湖北去』。寇囁嚅著說，『大帥，蕭督辦（這時段政府把各省督軍改爲軍務督辦）的意思是條條路好走，只莫往湖北去』。吳詫異著說，『我只有到湖北的一條路，此外無一條可通』。寇說，『這就給蕭督辦的難題目了，上頭有命令，他拿什麼話對付？』吳冷冷地說道『不論政治，論朋友他得歡迎我，不該叫你來擋我的駕』。

寇把吳的態度報告蕭，蕭知道吳是說得到做得到的，爲先發制人起見，再電寇授以機宜：『你向吳大帥說，我蕭某是大帥的人，這時因環境關係只能接受段執政的命令，保全湖北就是保全吳大帥的實力。他要來的話，斷送了湖北地盤，斷送了我的地位，於大帥有何益處？』寇又如言轉達，吳只搖著頭說，『現在不是益處不益處的問題，是找地方安身的問題。你不妨報告他，我吳某是來定的了。』跑壞了寇的腿，忙壞了電報生的手，繞來繞去。一個說『請勿枉駕，』一個說『決當奉訪。』蕭到最後一著才提出折衷辦法：衛隊旅繳械遣散，吳到漢口來暫住租界，我向段執政擔保吳在武漢不作政治活動。

吳說，『第一個繳械不成，第二個住租界更不成，第三個不問政治更更不成。』

蕭乃直接電吳促之下野，略謂：『耀南願追隨驥尾，同時解組，以有地方之責，未能進退自由，一俟負責有人，即當解甲歸田。』吳見他說的是一派假話，亦以假話覆之道，『周行示我，剴切詳明，感何如之！弟現入雞公山休息，暫棲林藪，以消寒歲，從此不問國事，似不必鋪張費詞，通電下野。』蕭又來一電謂，『雞公山非樂土，仍以放洋游歷爲宜。』吳懶於置答，卻抱定了『三不主義』——不死、不降、不走。左右有進言『蜈蚣怕雞公，大帥以下山爲宜』者，吳亦一笑置之。

十二月豫督胡景翼限吳即日出境，吳的出路只有湖北一路，蕭則堅持先繳械、後入境之議，不作任何讓步。事情愈鬧愈僵，但天下無不了的問題，自有路轉峯迴之一日。冷清清一座山頭自吳寄跡以來，頓然成了山陰道上，有川軍楊森的代表，有湘省趙恆惕的代表有黔軍袁祖銘的代表一面慰問吳，一面電蕭叫他『好好保護吳玉帥』。好了，執政要拿辦他，鄰省要保護他，蕭的地位越弄越窘了。並且做部下的不夠交情，做朋友的卻很夠朋友。蕭畢竟是個守經蹈常的人，自覺問心有愧，他決定了另一計畫：不拒不迎，要來讓他自己來，辦交涉讓寇去辦。

寇連連請示得不到蕭的回答，知道蕭的辦法是以不了了之。他陡然福至心靈上山向吳拍著胸脯說，『大帥要上車，就上車一切禍事讓寇某一人承當。』吳說，『好，備車。』

二十七日車抵廣水站，不料鄂蕭將楊家寨一段鐵路拆毀阻其前進，後因西南代表責蕭背義，始將路軌修復。十四年元旦吳車開到大智門車站，吳不肯下車，就在車上打起莫明其妙的『大帥行轅』來。段果然打電報質問蕭，『爲什麼不擒吳進京，爲什麼不繳他的械？』蕭慌了手腳，派人向吳說，『大帥把衛隊交給我，自家人還是自家人，我另派衛隊保護大帥。並且我倒要請教大帥，要衛隊幹嗎？打仗嗎人數太少，不打仗還得把餉銀養活他們。』吳斷然說道，『不成不成！我的衛隊讓我的部下繳械成何體統！他要我下車還有商量之餘地，但那我住在那兒？』

蕭急忙派人回答，『有有有，我在法租界已經打好了大帥公館了』。

吳勃然大怒道，『什麼話？說來說去叫我住租界！』

張夫人從旁插話，『東不成，西不就，我倒有一所房子，前門臨著法租界巴黎街，後門是中國地界（按其實乃非租界區域）說是租界呢不是租界，說不是租界呢又有租界之利，你總可稱心滿意了吧。』原來吳在洛陽做五旬大慶時各方送來古董珍玩甚多，有金壽星及收回膠濟路紀念珍品多件，吳一律不受，手下人悄悄收下來，但以無處可擺，所以張夫人派軍需處長劉子春到漢以二萬元購得小洋房一所，事前不讓吳知道，現在想把這房子爲吳棲身之地。

當然，後門不是租界，多少沾了租界的洋氣兒。吳又罵了一聲『什麼話，』大家面面相覷，連一點主意也沒有了。

像這樣一步挨一步的挨到無可再挨的地步，段的電報一天比一天嚴厲，過於十二道金牌，蕭兩面碰釘子碰得頭昏眼花。最後還是川湘各代表出來打圓場，『我們大家都沒主意，請玉帥自己提出個辦法來。』

吳偶然想到蕭取得湖北地盤是他自己率領決川濬蜀兩艦炮轟岳陽城的戰果，他吐了一口氣說，『不讓我住在車上，就讓我住在船上吧！從此他做他的督辦，我做我的湖海飄零客』。

蕭說，『好，就這麼辦』。

可是問題又發生了：由大智門上碼頭須過租界，莫說住租界，就是過租界也不是吳所願的。說來說去，把兩船開到劉家廟，吳率領衛隊上了船。

另一問題是—船開往那兒去？上四川，四川不是楊森一人的天下；上貴州，貴州水路不通，上湖南，湖南是宣告獨立的省區。（吳屢倡武力統一論，故不願入湘托庇於省憲派旗幟之下）看來看去，他還是看中了蕭是自己的嫡系，乃於一月三日開到下游黃州。

# 赤壁之游

湖北各團體對吳的稱呼漸漸不同：始而曰『大帥，』繼而曰「玉帥，』最後直呼其字曰『子玉，』且發起『拒吳保鄂之議。』

蕭亦有蕭的苦衷：第一，怕豫軍以捕吳爲侵鄂之口實；第二，段代表坐守督署，天天逼著他把吳押解入京。他怕吳的部屬在鄂境有所活動，所以出了一張煌煌布告，『吳上將軍表示下野，倘有假上將軍名義號召黨徒者，惟有執法以繩。』他又發表艷電，『倘有野心家侵犯鄂境，定即率我師旅，相與周旋。』當吳行抵大智門車站時，曾差人持片請蕭過江，蕭避嫌未往，吳登舟時亦未臨江一送，等到決川艦駛抵黃州，他才吐了一口悶氣，以微電通告各方：『吳前使來鄂，奉執政電諭勿任或往他處以靖人心等因，吳使鑒於各界環請之誠，即於江日乘輪離漢，不問世事我執政保全將才及吳前使遵守和平之旨，俱可昭示於天下，垂美無窮，耀南奉命周旋，公誼私交幸獲俱盡。』這篇文章虧他想得到，做得出。

段對吳雖貌爲猙獰之色，未嘗不是應付環境的一種官話，胡景翼果眞有擒吳之意，亦不會讓他由雞公山從容逃到湖北來。奉張是吳的大仇人，亦頗有以吳制馮的動機，他在北京與報界談話：『過去懸賞緝吳純爲軍事行動，現在軍事行動終了，對待敵人的動作當然中止，對吳如何處置，作霖概不過問。』

吳到了黃州依然不肯下船，衛隊則登陸分駐赤壁廟等處。黃州距武漢一百二十里，當時變成了冠裳雲集之地，段執政大吃一驚，『這小子終爲心腹之患。』叫蕭把吳解進京來，結果是石沉大海，難道眞坐蕭以抗命通敵之罪，那不是爲叢敺雀嗎？那時對吳的處置問題深感棘手的倒不是蕭而是段了。

蕭看到吳的勢力不可侮，段的勢力不足畏，漸覺寬心許多。段想到『捉既不能，招之使來或無不可」，想派一個大員勸吳自動入京，有話當面談，前罪一筆勾消。王揖唐領了這場差使，他覺得段手下能與吳攀交情的除了他沒有別人。過去王任南北和議北方總代表時，吳反對最烈，此時王已榮任了皖督，於十四年二月二十五日到黃州來做段的說客。吳則待以賓客之禮，從蘇東坡談到曹孟德，天上一句，地下一句，始終不曾談到政治問題上。一連談了幾天，越談離題越遠，王看看無可再談了，始索然興盡而去。

聲勢越弄越大，不獨川湘代表即蘇浙代表亦紛作赤壁之遊了，段政府忍無可忍，密令海軍將領許德廷緝吳，且對蕭亦有興師問罪之意。蕭的參謀長就是前任第三師第五旅旅長，與吳不和去職，投入皖系的張學顏，他現在是段派來監視著蕭的，所以吳亦覺蕭的處境確有可慮之處。正在徬徨無計時，湘趙飛來電報，『湘爲舊游之地，願掃榻以迎。』吳大喜過望，說道，『炎午眞夠朋友。』

# 四次入湘敵乎友乎

經驗指示吾人，對友人忍讓一步，將來自有收穫，而這筆收穫事前不必列入『預算冊』得之乃彌覺可貴。湖南係獨立省份，吳前此之卜居黃州而不肯入湘者以此，到現在，卻正因湖南是獨立省份之故，非段政府權力之所能及，此時段決無再度征湘的勇氣。若把吳與湖南的關係分析一下，論主張為敵人，論私情則為友人，湘人堅拒北軍駐境，這次卻自動的把吳接到岳州來。假使吳當年逼湘人太甚。這時他那能找到這個避難的安全區呢？但從吳的眼光看起來，岳陽係其發祥之地，第一次入湘時脫穎而出，第二次入湘時扶搖直上，第三次入湘時迫湘軍為城下之盟，而第四次入湘時卻做了這個似敵非敵似友非友者的窮途客，眞不勝俯仰身世之感。

段接得吳將入湘的密報，急令鄂蕭加以截堵。吳亦知段將不利於己於三月二日在夜色濛濛下偷過武漢，兩艦燈光一齊掩滅，蕭卻假裝不知，讓他鼓輪西進。吳到岳州後岳陽鎮守使鄒序彬代表湘趙歡迎，吳自己留居艦上，眷屬住岳紳葛豪家衛隊分駐天后宮一帶。

趙有陽電表示迎吳的理由：『國內互爭，皆緣政見偶異，並無恩怨可言。子玉果已解除兵柄，不妨隨地優游，何必迫之僑寓租界？既非國家愛護將才之至意，尤乖政黨尊重人格之美德』。趙的意思想請吳遷居衡山而吳不願往，他並無『入山惟恐不深』之意；趙請之舍舟登陸，吳亦有所不願，他自浮海以來，過慣了海上、山上、湖上、舟上、車上的生活，處處遇險而處處不願一履平地，這是當年吳的一種僻性。

吳在黃州時，各方代表雖往來如織，但黃州是蕭的轄境，蕭在名義上又是段的屬吏，在段蕭監視下吳不能暢所欲爲。而岳州則爲北政府法權所不及的地方，吳以避難而來，無意中卻造成了東山再起的機會。

吳之再起以四省聯防爲契機：先是贛督方本仁發起湘、鄂、贛三省聯防計畫，湘趙對之不感興趣，吳拾起這個建議策動所謂『湘、鄂、川、黔四省聯防』。這四省性質不同，湖北奉北廷號令，餘三省則爲『獨立省區』。並且吳是寄人籬下的孤客，憑著什著資格來主持這個難於強合的聯防計畫呢？他卻有他的一套說法，他說『頻年內戰不息，由於鄰省互相征伐的緣故。我們由聯防政策途到保境息民之目的。並且四省聯合起來，置政治系統於不論，是一種強厚的實力，別人不敢收負咱們』他好像以朋友資格替四省當局幫忙。保境息民這四字正投湘趙之所好。鄂蕭正抱孤臣孽子之心，對之亦欣然同意。川黔兩省無可無不可，不過處於捧場談熱鬧的地位。此計一成，手無寸鐵的吳就有了四省的背景了，由此就可以

推進一般擁吳畏吳者的向心力了

那時北方爲兩雄暗鬥之局東南則爲兩派明爭之地。先是段召集『善後會議』時，中山先生力疾入京想促成統一之局，一時國運大有『剝極而復』之象。但『善後會議』不能容納國民黨『邀請國民團體參加』的主張仍然蹈襲了過去軍閥壟斷國是的故轍。中山先生逝世後，奉軍地盤之爭使剛愎自用的段變成了『黃陂第二』。

段對東南不主用兵，以盧永祥爲直督，而奉張對之不諒解，李景林占領直隸地盤，段不得不改派盧爲蘇皖宣撫使而免蘇齊之職。十三年十二月十二日齊通電下野，祕密赴滬與孫傳芳組織江浙聯軍（齊孫分任一、二兩路總司令），會師淞滬，逐去張允明。十四年一月十六日段發表三令：（一）查辦齊（二）任盧爲蘇督，（三）任孫爲浙督，這明係分化齊、孫的策略，因實力在孫而蘇軍附齊者則日少，所以齊、孫以同樣行動而所受之處分不同。

舊直系倘眞能團結一致，則吳南下時非無重整旗鼓之望，但軍閥只有一時利害之結合，所以段的分化政策大收效果。未幾孫引兵回浙，剩下來的是齊盧之爭，盧假奉軍張宗昌之力於十四年一月二十八日占領上海，齊東渡赴別府，時人稱之爲『齊盧換防』。不過這一舉使段對東南的和平政策完全被奉軍打破，不得已調鄭士琦督皖（王揖唐改任省長）騰出魯督一席來位置宗昌，不啻『割肉飼虎』的政策，而舊直系諸將人人自危，段政府亦有朝不保夕之勢了。

直系諸將因自危而成再團結之必要，吳的『聯防計畫』俄然變成了他們的金科玉律，各方代表到岳州欣賞洞庭春色者不絕於途，吳遂有重彈老調——組織護憲軍政府之意。他雖寄人籬下，其作風依然未改，依然反對省憲，反對聯省自治，湘越對之雖敬禮有加，卻抱有『憲其所憲而非吾之所謂憲也』的一種感想。最妙者莫如鄂蕭亦與湘趙共鳴，有贊成省憲的傾向，他對吳不若前此之深閉固拒，而對其出山則認爲『時機未成熟』。

是年舊歷三月七日各方代表在岳慶吳五十二歲壽辰時，奉張亦派代表參加，吳派張國鎔赴奉答謝。趙贈吳一聯云，『生平憂樂關天下，此日神仙醉岳陽。』

陰歷六月三日爲張夫人四十整壽，吳親點『過昭關』一劇。部屬所獻繡匾有『東山再起』四字。

## 查家墩司令部

由四省聯防加入晉、豫、陝爲七省聯防是吳第二次出山的絕大動機，而發起者初非以『擁吳』爲目的，是舊直系與馮系的結合且湘代表提出『以聯治爲建國方針，但不得採取軍事行動』的條件，各省贊否不一，湘代表乃聲明退出盟約。其餘六省中豫岳（維峻）陝孫（岳）爲馮系，其加入乃『聯舊直系而不聯吳』的一種策略。舊直系軍人以鄂蕭爲主體，提出所謂『擁段、尊吳、聯馮』的主張，馮系欣然接受，而吳方策士則用『偷天換日』的手腕，爲之奔走四方，使聯盟性質變爲『尊段、擁吳、聯馮』，只因一字之顚倒，導未來時局於極端迷亂與極端反覆之狀態中。

八月上旬鄂蕭、豫岳同赴雞公山聚會，以豫不犯鄂，鄂不犯豫爲交換條件，而七省聯盟之說盛傳一時，吳再起之說亦盛傳一時。吳的黨徒在武漢公然組織擁吳機關，蕭亦未便『執法以繩』了。不久鄭士琦被迫辭皖督新職，盧永祥南安於位，段以姜登選督皖，楊宇霆督蘇，同時發表馮玉祥督甘及孫岳督陝，令實現了奉馮兩系列益均霑的計畫，即東北、東南爲奉系勢力範圍，西北、中央（京漢線湖北以北）爲馮系勢力範圍。此後馮、奉磨擦日甚，浙孫閩周（蔭人）對奉軍猜疑日深，二次江浙戰事遂由雙方鬭謠而爆發。

孫一面聯馮，一面聯吳其正面敵人乃奉張他抱著『我不犯人，人必犯我，與其坐亡，孰如伐之』的見解，於十月十五日組織五省聯軍（蘇、浙、閩、皖、贛）自任總司令，（與七省聯防渺不相涉）是日駐滬奉軍邢士廉不戰而退十八日楊宇霆棄蘇北走蘇軍陳調元、白寶山、馬玉仁紛紛響應孫，二十三日姜登選亦棄皖而遁奉方不戰而退固由於馮軍態度可疑，而戰線太長，兵力不敷分配亦其主要之因素，可為爭奪地盤，多多益善者之炯戒。

當奉、馮暗鬥白熱化，孫軍將發未發之際，吳認為出山時機已成熟，派員赴鄂徵取鄂蕭同意。蕭派陳師長嘉謨到岳州來說，『大帥儘管出山，但暫時莫到湖北來，我還得相當的準備時期。』

吳瞪著眼睛說，『他的主意我都不成，我一定要到湖北才能出山。』

陳囁嚅著說，『那麼豈不於珩帥有礙了嗎。』

吳說，『要無礙於他，豈不有礙於我？我現在不問他答應不答應，先得問你贊成不贊成。你莫當他的代表了，你就當你自己的代表吧。』

陳敬謹答道，『大帥出山，我個人願効犬馬之勞。』

這次蕭不派寇英傑當代表就因上次寇在雞公山有辱使命的緣故，不料陳嘉謨做了第二個寇，陳以為吳的出山是不可抗的，與其徒傷感情，不如先送個順水人情，將來或者還有點好處，陳寇都是蕭的台柱，陳既効犬馬之勢，難道蕭能作蟻螻之抗？此後蕭下了決心，『江山本來是他的江山給我江山的是他，他要斷送江山也只索由他』。

十月二十日蕭電迎吳出山，鄂人亦不唱『拒吳保鄂』的高調了。吳在岳州發表效電云：『奉軍深入，政象日非。孫馨帥興師討奉，堅請東行；福建周樾帥電稱惟吾帥之命是聽；胡北蕭珩帥率湖北全體將領電稱此次共伸大義，欲動人心，首資號召，擬請鈞座出山，希早命駕等語。救國鋤奸，豈容袖手，茲定於二十一日赴漢，特先奉聞』。

二十一日吳乘決川艦抵漢，蕭率文武官吏恭迎江干，與上次過漢時招之不來者判若兩人。吳的出山通電首先提到名稱問題，想來想去，擬用『十四省討賊聯軍總司令』後嫌十四省範圍太小，刪去這三字。實實在在，吳的敵人第一是馮，第二才輪到奉張，與孫之聯馮討奉者大不相同；只因大勢所趨，不能掛起『討馮』的招牌來，姑且採用這個可奉可馮的『賊』字。

吳在查家墩組織司令部時，從前迎吳南下的劉永謙向吳進言，『一人精力有限，大帥怎能事事躬親。依我愚見總司令之下設樞密處，一切問題由處定奪後再呈大帥批准。』吳說，『這麼說，你來幹，用不著我來當傀儡』。

司令部成立後人才極一時之盛，最著者爲參謀長蔣方震、秘書長張其鍠、總參議章太炎、軍務處長張福來、外交處長張志潭、交通處長高恩洪等。楊雲史屈居秘書幫辦，張方嚴降爲高級參謀。司令部規模之大不啻變相的軍政府，其處長人選不啻未來各部總長的人選。自吳到漢以來，全國視線集中於武漢，以武漢爲樞府之地，以吳爲各路諸侯之長，其聲勢之煊赫不減於當年四照堂點將之時。孫拍來馬電呼吳爲『我帥』，有『傳芳不敏，願執鞭以隨其後』之語，極端不就範的蕭變成了極端恭候的蕭，其討奉養電極力摹仿吳的語氣，有『秦併六國，胡人入主中原』之語。繼之以陳調元、方本仁、白寶山、馬玉仁、王普、鄧如琢、杜錫珪等一片討奉聲及一片擁吳聲，陣容爲之一變，耳目爲之一新。

第一個不速之客是吳景濂，率領大批賄選議員到漢口來，恭請本家大帥組織『護憲軍致府』。當時吳認爲最切要的一件事是恢復曹的自由。曹是飽經世變的人，且過去有賄選污點，復職問題固談不到，但憲法非以賄成，卻有加意護持之必要。那麼他的組府計畫何以中道而廢呢？第一，愛人以德的張季直連來數電勸吳不可擁曹（愛曹是另一問題），而護憲則必擁曹，過去賄選是直系瓦解的一大因素，也是吳的一大心病，萬不可重彈舊調，作繭自縛。張的話吳奉之若金科玉律。第二，此次唱重頭戲的是孫，孫以聯馮、討奉爲其目標，護憲則必討馮，吳在事勢上不能不遷就孫的主張。第三，吳對賄選議員素來存著唾棄的心理，他們紛紛到漢如羣蠅之亂飛，因之更不願抬出『護憲』招牌來替他們造『飯碗』。

第二個不速之客是齊燮元。孫軍攻下南京後，他馬上到南京，欲與孫平分江南春色，孫對之非常冷淡，而他的舊部早已投入新主人懷抱，不復爲舊主人所用，乃赴漢依吳，吳任之爲討賊聯軍副司令。

第三個不速之客是吳的老鄉還沾點師生關係的靳雲鵬。他隱然以結合新北洋勢力爲己任，且有自居領袖之意。雲鵬是段手下四大金剛之一，直皖作戰時忽然倒在直系一面，段倒後雲鵬出而組閣，還跑到府學胡同段邸哭拜於地，說是『不得已而爲之』，時人譏爲『軟』倒戈的發明者。他大概是開平當過教官，所以把開平出身的吳拉做他的高足弟子，可是吳的眼睛生在額角上，根本不承認這個從黑灣裏鑽出來的老師。好了，現在乃弟雲鶚是吳手下數一數二的大將，憑著同鄉資格，憑著老師資格，還憑著乃弟的實力，應該是雲鵬『鵬程萬里』的機會了。不料吳的眼睛不會從額角上搬下來，同時他的老弟也不肯賣老哥的帳，『打出來江山讓老哥坐天下，那有這樣的笨伯。』雲鵬擦了依鼻子的灰，氣得拂袖而走。

## 心理的分析

天下事眞難說，一個手統數十萬貔貅的大將軍於一夜之間變成了飄零湖海的亡命客，一個飄零湖海的亡命客又於轉眼之間變成了節制各路諸侯的大盟主。不料還有更難說的事在後又一彈指間，這位『身繫天下蒼生之望』的大盟主竟然是個一籌莫展的孤寡老：東南角殺伐聲喧，克固鎭，下徐、海，一路勢如破竹，場面何等熱鬧，吳的正台戲冷清清偃旗息鼓，費盡無窮之力不能出武勝關一步。

欲明原委，須分析當時段、馮、吳、孫各方心理。茲爲列舉於下：

段——懷孫、撫蕭、排吳、保馮。

馮——擁段、排奉、聯孫、拒吳。

吳——去段、討奉、仇馮、用孫。

孫——尊段、聯馮、討奉、容吳。

段過去是實力派，自直皖之役失敗以來已一蹶不振，因其領袖北洋之資望奉馮才擁立之爲『執政，』他的地位等於過去的徐世昌，建立在奉馮均勢上。他上台之初還想恢復當年指揮羣雄的實力，不料他所引用的盧永祥、鄭士琦、王揖唐之流都被奉軍排斥以去，他只能以保持均勢延續其政治生命。他對奉、馮採調和策略，對舊直系採分化手段。

自奉、孫兩軍接觸以來，馮以『中立』姿態在包頭鎭一再通電主和，意態非常暇豫。假使馮、孫間無默契，孫必不敢以一隅而當奉軍全盛之局。迨孫軍節節勝利，奉軍步步退讓，馮的反奉態度漸露骨，曾致函奉張略云：『弟與兄共患難以來本期爲國共死。不圖吾兄迷信權利，逐孝伯（王承斌）於直隸，同志寒心，驅蘊卿（鄭士琦）於山東，軍人解體，逼揖唐出走而得皖，迫嘉帥（盧永祥）辭職而劫蘇，我與吳有不並立之事實，我兄知之未也？……』

十一月上旬北京馮奉兩軍形勢愈惡化，且在通州開火一次，忽又簽訂公約八條，雙方乃趨於和緩。局勢之一張一弛一由於段居間爲之斡旋，二由於馮對其兩大敵人（奉、吳）輕重之間難於有所抉擇，終以不願爲吳製造機會之一念，按下對奉的一股火氣，保持其第三者之地位。

段在『瘧態政局』中一方斡旋於馮奉間，一方看到吳是強弩之末，孫是出柙之虎，乃決定再襲前此分化孫齊的手段以分化吳孫。十一月十三日段下令，『吳佩孚潛赴漢口，假借名義希圖一逞，若任其擾及中原，何以奠民生而維國紀？所有京漢路沿線著責成馮玉祥岳維峻妥爲辦理，津浦線沿線著責成張作霖、李景林妥爲辦理。至孫傳芳前此通電以淞滬駐兵爲言，今仍前進不已，殊違本執政倡導和平之意，著即停止軍事行動，靜候解決』。此令歸咎於吳一人——千不是，萬不是，都是吳的不是。對孫則給一口糖，打一記輕耳光，卻不失爲無辦法中之好辦法。

這一時期是段的政治手腕即其保持均勢政策之大勝利時期：他派專使八人南下分途疏通孫蕭，以津浦線歸奉，京漢線歸馮，長江歸舊直系，各取所需。孫果然按兵不動，奉馮亦告妥協，吳之『討賊』幾乎變成了『獨角獸』，而和平之成效大著。不料奇峯突起，奉軍少壯派將領郭松齡於十一月二十五日在灤州倒戈，（倒父而不倒子，擁戴學良繼作霖之後。）段的苦心盡付東流。

直到郭的倒戈通電發表後，馮的錦囊計才漸漸明朗化：過去他對奉之妥協是一時緩兵之計，暗中與郭及李景林密約倒張，布成了裏應外合之局。郭一路勢如破竹，馮電勸奉張下野，且出兵五路由喜峯口進占熱河（奉軍闞朝璽撤退，宋哲元不血刃而入熱河。）奉張勢窮力蹙，願自動下野，請郭軍和平開入瀋陽。這一時期由段的政治勝利時期轉入馮的軍事勝利時期：吳既一籌莫展，張亦束手待斃。不料奇峯之外另有奇峯，李景林歌電（十二月五日）討馮，而局勢一變再變。

李爲倒張祕幕中之一要角，他有老母住在瀋陽，張以之爲質，李不得不中途變卦與張宗昌合組直魯聯軍，以保境及討馮爲其旗幟。馮部過楊村向李假道援郭時與李軍開火，雙方在楊村馬廠間演著『拉鋸戰』而另一驚人動作又發生——十一月二十八日北京各界在神武門召集國民大會，要求段執政下野。

均勢已失，後路茫茫，段所處地位與過去之徐、黎如出一轍，日日向馮『辭職，』馮部日日表示『擁戴，』段乃不再言去。

以上係分析段、馮、諸人心理，以下寫到吳在查家墩司令部『咄咄書空』的神氣。他出兵討奉是分兩路，一路以靳雲鶚爲主將由隴海路東進，一路以寇英傑爲主將由京漢路北進，先斬除奉張的兩個羽翼——山東督辦張宗昌和直隸督辦李景林。

這兩路都要向河南假道。河南是吳的舊巢舊巢中尚多舊部如陳文釗、王維蔚、王維城等。吳派員與豫岳聯絡，把豫省舊部掃數調出來由隴海路入魯，以靳雲鶚爲豫東討賊軍總司令，一面以寇英傑率部由京漢路過豫入直，望予以諒解。

吳的殘部分布在河南境內是岳的心腹之患，倘能掃數調出，則臥榻之側無人鼾睡，正是岳求之不得的事。且吳以討奉爲前提，岳無反對之必要。但吳的另一路欲穿過河南心臟北上，用意莫測是一問題，岳暗中奉著馮的電令以『武裝保境』拒吳又是一問題，兩問題聯合起來，所以岳對前一要求允予照辦，對後一要求則以重兵防守鄂豫邊境不許吳軍出武勝關一步。吳日日派員疏通岳日日支吾其詞，『豫省兵力甚厚，此時鄂軍殊無出動之必要。』

岳果然派兵協助靳軍由歸德入魯占領濟寧曹州等地。理論上吳無理由向之翻臉，事實上吳無力量向之翻臉。

那時張宗昌忽大唱其出人意料的『擁吳』論，李景林起而和之，倒弄得吳茫茫然，全國人士亦爲之茫茫然了。前面說過，宗昌雖是奉系將領，一則與吳同鄉，二則雅慕吳之爲人，二次直奉之役他打著『山東人不打山東人』的口號收編大批直軍殘部。當吳再起時，奉馮發生暗潮，宗昌心生一計，密遣代表樊潛知童好古之流赴漢與張其鍠進行『吳張合作』運動，其鍠係吳幕中首屈一指的要角，以吳處於四面受敵之地位不宜四面樹敵爲言，主張能釋嫌者釋嫌，能修好者修好。但吳不是個翻雲覆雨的人，怎肯採納這條陳。不料天下事很難說，絕無可能的問題往往有出人意料的發展。

吳於無意中獲得國民軍密約相黔兩省夾擊武漢的情報，（這情報也許是奉方的離間計）不覺忿然作色說道，『我還能和他們做朋友嗎？』本來吳之所謂『討賊』是個模糊不清的招牌，今日目甲爲『賊』明日何嘗不可把這個『賊』字移在乙的頭上?那時他對於聯奉討馮的建議已有所動。

宗昌見吳漸有入港之意天天打電報呼『大帥』並請前山東省長熊炳琦(直系)赴漢向吳表示,『我張宗昌是山東人你吳大帥也是山東人。山東人不打山東人。我願服從你的命令,把我的奉軍改編爲魯軍我歡迎你回山東。除開你吳大帥之外,任何客軍我張宗昌一律看待要驅逐出境。』

吳到處遇著打死虎的英雄即其親手所養成所提攜的部屬,亦不免一會兒冷一會兒熱。現在雖再起,仍然是一隻不死不活的虎,偏有十足『夠味』的長腿將軍願把自己的江山讓出來,部下雖親不及敵人親,這不能不使他深深感動。

而奉張呢,曾向段一再請求釋曹,曾派員赴岳州祝壽,曾派蘇錫麟來漢表示(一)奉軍出關,(二)釋曹,(三)擁王士珍爲總統,伸長著手以待吳之一握。本來吳這次出山後張的舊賬尚居其次,馮的新賬不可不算,因大勢所趨才舍新賬而算舊賬。此時舊賬越算越可抵消,而新賬層出無窮,他的心情連他自己也漸漸捉摸不定了。

吳另有一支奇兵是抄了從前的舊文章,派宋大明、劉希聖爲吉林討賊軍第一軍總副司令,宋是盧永貴的支隊司令,在雙城子設了司令部(距綏芬河僅一小站)準備做吳的內應。不料郭松齡通電討張，瀋陽危在旦夕，吳站在查家墩司令部洋台上信口成吟：『而今始知循環理，斜倚欄干亂點頭』。

他望著站在身旁的張祕書長掉了兩句文言：『乘人之危，是無勇也』。張順著這口風把宗昌輸誠的話說了一遍，吳不覺脫口而呼：『我把宋、劉那支兵馬撤消，把靳那支兵馬調回』。

靳正在著著得手之際，忽然奉召回漢，所部停止待令，不禁爲之愕然。他回漢領訓時吳向之說道，『咱們不打張宗昌了，你回師與弼臣（寇）先解決西峯（岳）再說』。靳不覺怔了一怔，不知吳的悶葫蘆所賣何藥。

事後推論起來，吳倘能與馮合作貫澈其討奉主張，前途是較有希望的，吳非不知此，他是個不顧利害不計成敗的人，想到那裏做到那裏，結果造成了另一次部下離心離德的局勢，而此恨緜緜無絕期矣。

# 一着之差

十四年十二月十六日日本以護僑爲由命『滿州派遣軍』菊池少將分別照會張郭：『在鐵路附近地帶及日軍警備區內兩軍絕對不得侵入否則本司令官（白川）不得不執必要之武器』。從前吳料到用兵關外時將引起嚴重外交果然不出所料。（十七年六月四日張在皇姑屯被炸身死，人言嘖嘖，謂爲背約之故。）旋日方提出調停之議，張乘著這個空間調動黑龍江騎兵二十三日巨流河一戰，郭軍由大勝轉爲慘敗，郭與其妻化裝逃走，卒爲黑軍捕殺。

先一日（二十二日），馮軍占領天津，李景林率部退往山東，段任孫岳繼任直督，是爲馮軍之全盛時代。郭軍既敗，馮不願以一身而當奉、吳及魯軍三面之衝，乃於十五年元旦通電下野，所部交張之江接統。其通電有云：『玉祥自去歲倡導和平以來本期從此息爭，專意建設；不期跋扈者不戢其心，攀附者助長其勢，屯軍淮上，飲馬江表，勢欲席捲海內，雄霸中原。以是孫馨督首義於浙，長驅北指，蕭珩督聲援於鄂，志切澄清。郭軍長爰整師旅，爲民請命，芳宸（李景林）原約相助，乃二三其德，對茂宸（郭松齡）則頓違前約，對玉祥則通電誣蔑。現在芳宸潰逃，不圖郭軍長一朝顛覆，雨亭（張作霖）經此愴痛，漸有覺悟，玉祥仍本和平之衷即日下野。至於國家大計執政碩德耆老，萬流仰鏡，子玉學深養粹，飽經世變，當能不念前嫌，共謀國是，孫、蕭、方、閻、岳、孫諸督共起義師，均爲不世之功，自宜各抒偉抱，共濟時艱。除另呈辭職外，所有國民軍名義早經取消，賓客一律敬謝，文電恕不作答，解職而後，擬出洋潛心學問。」

此電用意至明，欲與吳棄往日之嫌，而對奉張則不啻變相之聲討口吻。對吳有「學深養粹」一語，望其「飽經世變」後涵養漸深，舊賬一筆勾消，不必斤斤計較。然而吳、奉合作之局一成，吳在勢已不能舍新歡而修舊好了。

馮通電下野後，段的辭職電擬就待發，奉張欲以其位讓予吳俊陞，吳亦通電收束軍事，一時大有冤親同歸於盡，大家放下屠刀的良好氣象。這時吳陡然又成了各方死拉活扯的重要人物，段欲任之爲「七省治軍使」，直魯聯軍呼之爲「我帥」，奉張與之結不解緣，吳發表主張「恢復法統」的世電後，獨樹一幟的孫亦願移樽就教（支電響應），化敵爲友的張之江有世電「願追隨我帥之後勉效馳驅」，豫岳直孫一致爲鼓桴之應，而舊直系諸將領更無論矣。

這是吳自失敗以來的第二次黃金時代，倘能善用政治手腕，聯合直系以對奉，可竟四照堂未竟之前功。然而他「學深而養不粹」，其倔強之性不改，決維持聯奉成議；而局勢又爲之一變。

一月李景林佳電謂馮下野乃詐，直魯聯軍開始向直南反攻。十七日奉張電吳，『關內事請公主持，關外事由弟應付對法統事此間毫無成見。』吳則宣稱對各方均願化敵爲友只與一人爲敵（馮）。

這時廣州革命勢力在日長炎炎中國民政府五要人爲促使北方諸將領一致覺悟起見，發表歌電主張對內召開國民代表大會解決國是，對外取消不平等條約，這與吳的政見完全相同，他在北洋諸將中乃一富於革命性的人物，自撤防北歸以來，即以團結對外爲其鵠的，倘對歌電虛衷接受，則吳仍然回到革命陣線，其未來功名事業當未可量。事實上，他對護憲問題已不堅持，對曹之復職無論公誼私情都表示反對，對南無用兵之意，對北方腐惡勢力痛心已久，確有參加革命之可能。所以他馬上覆電說，『召開國民代表大會是我的一貫主張，一致對外尤與鄙見相合，歌電我完全接受。不過我還有點小小意見，將派一特使趨前奉商。』他派潘贊化持函赴粵謁見各要人，函中除對護憲問題略有商榷外，另有兩項言外之意，（一）拒絕客卿國事國人自了；（二）整飭紀綱，對馮欲繼續用兵。不料他來遲一步，馮已先派代表同情革命運動國府要人則以個人恩怨不必談，過去是非無足論，希望北方軍人一致參加革命，共同努力，而吳則以爲馮某人是個人問題，與國家大計無關，對馮問題南方自可接受，這是吳對人生體驗不足的另一證。

假使潘早日北歸，把國府意見及其眞況向吳剴切陳明，則吳或有懸崖勒馬之日，惜潘以路途周折，許多話又非常面說不可，等到回抵上海時，吳的討馮之師早已發動了。

一月下旬宗昌逐走豫軍李紀才，吳令寇英傑北上攻豫，且通電責馮「巧於遁飾，更肆毒謀，伏處平地，泉密籌餉械」。

吳手下三大將爲陳嘉謨、靳雲鶚、寇英傑，陳部留守湖北，靳軍出發山東，故以攻豫之責畀寇。寇是當中最弱之一環，一月二十六日開拔北上，在信陽與陝軍第十師長蔣世傑開火。蔣世傑是當年國民軍二軍中一個不可思議的怪物，烟癮極大，骨瘦如柴，他的兵士都是「雙槍將」，一手持步槍，一手不離烟槍。信陽城外大炮聲怒吼如雷，他在烟榻上一點兒不動聲色，嚴令兵士死守信陽，兵士在戰濠中一面吞雲吐霧，一面從容撥動槍機，大有「醉臥沙場君莫笑，古來征戰幾人回」的氣概。信陽一日不下，則吳北上之師一日不能動彈，吳師不能動彈，則吳之聲譽及其前途將愈形黯淡而無復振之望。吳自再起以來，日言興師而足跡未嘗越武勝關一步，這次是吳的首次試金石，所以吳日日候捷音，而捷音日日不至，乃盛怒不解，幾次想親自出馬，都被部下阻止，乃嚴限寇軍於若干日攻下信陽，而信陽守軍之吹吹打打如故。

二月十日功克信陽的捷報飛來，這是苦戰半月的結果，吳的神色爲之一旺。只隔一天之久，證明捷報是誑報，寇被吳逼得只能打假捷電，事實上不惟不捷，且守軍一度反攻，寇軍受了相當的損失，這問題愈鬧愈僵了：區區信陽不下，則吳昔日不威風安在？寇打假捷電，吳亦據之以通電各方，一假再假，不怕別人罵『吳大帥』是吹牛客！吳發一次狠令靳師由魯回豫夾擊岳家軍。

靳的實力畢竟不凡，二月二十八日所部高汝桐攻入開封，三月二日克鄭州，五日下洛陽，一路勢如破竹，吳的聲譽賴以挽回。然當靳軍戰勝攻取之日，信陽守軍仍在戰濠中呼一口烟，放一顆子彈。寇把岳已逃走的消息射入城內，蔣世傑當是謠言。攻城軍尚非寇的基本隊伍，是從宜昌調來的第八師第十五旅長劉玉春部（此人大可注意），劉冒著矢石指揮衝鋒，剛剛衝上去又被守軍擊了回來。留劉深知『困獸猶鬬』之理，乃取三面包圍之策，網開一面，想讓守軍自動退走，而守軍頑強死守如故。劉急了，最後從漢口運來大砲數尊，砲彈像雨點般打到城中，城中的回答是『鴉雀無聲』。

到三月十日，蔣世傑知道岳督已走的謠言不是謠言之後，才請城內的外國教士爲担保人，與寇軍簽訂停戰條約，準備開城手續，又因繳械問題各不相讓，幾演巷戰血劇，直至十四日城內糧盡烟絕才接受了繳械條件。寇軍揚鞭入城時清算一下，城內居民死傷了萬餘人，逃者數千，餓斃者千餘，積尸纍纍，婦女被奸斃者六百餘人守軍共九千餘人繳槍六千餘支另有烟槍無算十五日宋大霈把蔣世傑解到漢口來，（俘虜已分別遣散）旁觀者都說『吳大帥恨此人刺骨，十個蔣世傑準有五雙活不成。』不料吳即夕設宴爲之壓驚還翹著大拇指向之說道，『你能堅守四十餘日眞了不得。』

當吳軍苦攻信陽不下之日，國民軍決以三路應戰：一軍對奉，二軍對吳，三軍對魯。各將領一面請馮出山，一面促段下令討吳段初猶不允，後乃下令謂『吳佩孚勾匪侵豫，好亂性成，殊辜本執政一再優容曲予保全之至意。著盧金山、劉佐龍等力爲消弭，並責成岳維峻、李雲龍等會同進勦，以戢凶殘。』而李景林張宗昌則有咸電稱，『凡我同志悉聽玉帥指揮。……頃承玉帥電囑宗昌爲討賊聯軍魯軍總司令，景林爲討賊聯軍直軍總司令，以於蒸日在濟就職。』此電似有脫離奉軍加入吳之『討賊』體系之意。

二月十四日鄂蕭因肺病逝世，吳命陳嘉謨繼任。吳早已透露口風，陳、靳、寇、是他的鼎足，遲早都有做『督理』的份兒。靳出發攻魯時許以魯督，寇出發攻豫時又許以豫督。現在陳坐升鄂督，而魯督張宗昌變成了吳的『自家人』，靳軍回師攻豫，首先攻入開封，根據『先入關者王之』的歷史成例，豫督一席非靳莫屬，且開封各公團已推舉靳爲『河南保安總司令』，即靳取瑟而歌以求督理之意。

不料霹靂一聲，吳發表寇的督豫令，以靳爲河南省長，且命北上攻保定，靳不覺大大抽了一口冷氣。

這是吳靳破裂的一條伏線吳的意思是，『我早把河南許下了寇，自無食言之理。山東不能打下去，靳的督理位置一時虛懸無著，姑且做做省長，將來機會正多。用人是主帥大權，部下不能向主帥爭多論少。』但靳則以爲『河南是我打下來的江山，打江山讓阿哥坐上且不可，何況別人？做主帥的怎好重然諾而輕功賞？』

吳一生是個不知權變缺乏手腕的人物，其失敗在此，其得民望亦在此。

靳出死力打下河南挽回了不絕加縷的吳的聲譽，僅僅換得一等於『督理媳婦兒』的省長，而高據督理之位置的確是虛有其表的寇，這口氣如何呑忍得下？所以靳到漢口來向吳謙辭省長新命『本人不懂政治，爲大帥效力是本職所在，不必以高位爲酬。』同時向吳請假，欲往西湖一游。吳對人生雖往往體驗不足，這點做工卻雪亮，乃於三月十一日宴之於西園，拍拍他的肩膀，翹著大拇指兒許以功勞簿上登記第一功，且於省長之外再加『討賊聯軍副司令』頭銜，這頭銜與齊燮元相垺，倒高高爬在寇的頭上了。

## 一律繳械

十五年三一八慘案發生後，風雨飄搖的段仍努力斡旋奉馮間和議，馮亦返抵張家口，但晉閻以防堵客軍入境爲由出兵石家莊，陝劉（鎮華）亦起兵響應吳。國民軍爲保全實力計，乃於二十日通電罷戰、撤防，集中近畿一帶，孫岳解除直督，奉軍乘機佔領灤州、唐山，直魯聯軍再入天津，靳部佔領保定，馮由庫倫出國。其時國民軍原擬退出北京，忽欲聯吳抗奉，張之江乃電吳請北上主持大計，靳主張與國民軍合作，命田維勤入京與之接洽。

四月九日國民軍以（一）金佛郎簽約，（二）屠殺學生，（三）挑撥戰爭諸大罪包圍公府，宣布討段，迎吳，其通電有云：『吳玉帥以命世之才，抱救國之志，數奇不偶，養晦黃州，志士仁人，無不扼腕。乃段密派兵艦前往加害，幾喪柱石，此誠邦仁君子全國婦孺同深憤慨者也！……用是萃集將領共同討論，僉以法統不復無以樹立國之基，障礙不除無以開和平之路，謹於四月九日保護總統恢復自由，所有禍國份子分別監視，靜待公決。……此後進止，惟玉帥之馬首是瞻，政治非所敢問』。

吳的黃金時代去而復來，這次性質顯然與前不同，非吳馮合作，乃馮部無條件復歸於吳，馮已下野出國，對一切問題都不過問了。當電報到漢時，查家墩司令部浮起了一片歡呼之聲，都說『我們跟隨著大帥吃盡了苦中之苦，畢竟也有吐氣揚眉之日。』一會兒，『大帥』駕到，大家七嘴八舌，都想探聽派誰接受馮部及怎樣擺布的消息。那知吳提起筆來一揮，批了『全體繳械』四個大字。

消息傳出來，人人不由得都倒抽了一口冷氣，『他們自動地繳械是不可能的。國民軍實力比大帥手底下七拚八湊的毛隊伍雄厚得多，那麼派誰去繳械？大帥鬧昏了頭，明明是自己和自己作對，而且是有心和我們的前程作對哇！』

低級幕僚面面相覷不敢說，只有高級二三人硬著頭皮請吳對於這問題再加考慮。吳岸然說道，『用不著再考慮了，他們把鎗械繳存在保定軍庫，我派齊撫萬（燮元）前往點收。』左右說，『大帥請仔細想，現在是用人之秋，叫他們打奉軍將功折罪不好嗎？』吳說『他們來電說絕對服從我，我叫繳械，他們得遵令表示誠意。』

當中有一位足智多謀的說，『萬一不遵令呢，豈不逼上梁山？我們不如用以敵制敵之策，打退奉軍後再收拾他們不遲。』

吳忿然作色說道，『什麼話！今天收容他們，就承認他們是我的部下了，將來再收拾他們，豈不是長官欺騙部下，戕賊部下？我是這種人』

本來吳的威嚴是不可犯的，左右唯唯諾諾，誰敢抬槓子找釘子碰？但是這問題太嚴重了，與前途之禍福成敗有關，所以吳手下有幾個『不避斧鉞之誅』的幕僚一再苦諫，幾至聲淚俱下。吳只略略露了一線轉機塗去原有批語，改批『除酌留張之江一師聽候改編外，其餘一律繳械』。

這一線轉機等於無轉機，大家仍不免相顧失色。不過事實上，憑他們再說得舌敝唇焦，吳是沒有回心轉意的可能了，這是吳的政治上弱點——不善於臨機應變；也正是他的人格上優點——不肯欺世取巧。

吳爲什麼如此決絕？他說，『第一，赤禍不可不防，（吳謂馮軍中有外國人，且馮赴蘇俄更足證實其說）。紀綱不可不振，這與區區個人之恩怨不同。第二，我和張雨亭相約合作，今天聯甲倒乙，明天又聯乙倒甲，我姓吳的生平不幹這種事』。

張之江有電來，派門致中爲代表，願竭誠擁護，聽候改編調遣。吳命秘書電覆：『除執事與瑞伯（鹿鍾麟）下野交出部隊外，別無善策，蓋執事非如此不能表示反赤之決心，鄙人非如此不能取信於羣帥。一俟羣疑盡釋，自當借重長才』。

那時新華門外逹官如雲，貴人如雨，階下囚的曹陡然變爲人人擁護人人愛悅的『總統』，請安者不絕，餽遺者亦不絕。曹有蒸電致吳：『鹿君識見過人深明大義願隸麾下，以當前驅。已於本日不動聲色，不鳴一槍，復我自由，拘彼元惡。即遣該軍師長韓復榘赴漢報告，兄亦派劉中將文亮同往，乞予優待，以示獎借。時至今日，論公論私均無再戰之理。鹿君如此傾向，尤應曲全，希電奉方停止軍事。兄憂患餘生，智盡能索，得脫危疑之境，端資號召之功，慶幸私衷，欲言不盡』吳批『假電』二字。

奉張懷著滿肚皮的鬼胎，伯吳重收覆水，則奉軍因郭亂創痛之餘，何堪一擊再擊。吳光明磊落的態度不能不使他深深感動，急電吳云：『鹿等施其挑撥伎倆，吾輩一切舉動無不光明磊落。……』實則光明磊落是吳而不是他，他卻居之不疑。

此時直魯聯軍的態度又稍有變更，口口聲聲『張吳兩帥』，以兩姑間之婦自居。吳的部將則一再促吳北上，因十一口段已逃居東交民巷桂樂第大樓，不辭不走，一如過去之徐、黎者然。吳一面令陝劉由陝入甘，截斷國民軍後路，一面電覆諸將，『馮軍一日不完全繳械，則本總司令一日不能北上』。

十五日國民軍退往南口，段回居吉兆胡同，十七日照常辦公。自馮、徐、黎更番演串以來，身居白宮者嘔盡了閒氣，耽盡了驚恐，而繼起者『苟有可留之理，決無求去之心』。是日段下令取消齊燮元等通緝令，只過一天復職的癮，翌日直奉軍源源入京，乃匆匆走避天津。

曹親書『文武吉甫』四字贈吳以酬其『救駕』之功，並跋云：『孔子作春秋，撥亂世而致太平。撥亂以武，致治以文，文武之道，一張一弛，不剛不柔，布政優優，子玉仁弟兼之矣。鋸老於軍旅，疏於政治，思維吾人陳力之誠，翛然遠行，未盡之責惟吾弟盡之，未竟之志亦惟吾弟竟之。天下至大，責任至重，服天下者不惟其力而惟其心，治天下者不惟其名而惟其實。文王至聖，小心翼翼，桓公九合，失在一矜，吾弟勉乎哉！詩曰：文武吉甫，萬邦爲憲，敢以此言爲吾弟頌。』

曹雖飽嘗延慶樓煎荷包蛋的風味，而一旦恢復自由，又未嘗不想再嘗上文所說『嘔氣躭驚』的風味。吳急電止之曰，『國事如此，總統不能再幹。我已代總統擬好辭職通電。』吳的意思還想走上『護憲軌道』，請顏惠慶復任國務總理代行大總統職權。曹本人無主張，一切以子玉之主張爲主張，吳叫他不幹，他決不會硬著頭皮要唱獨角戲，所以寫了這一段酸氣衝天的東西送給他的『子玉老弟』。

# 南北兩面作戰

民九驅張之役以前，湘軍正規軍僅有一師，師長趙恆惕，旅長宋鶴庚、魯滌平，團長賀耀祖、劉鉶、袁植、葉開鑫、唐生智等。驅張告成後趙以總指揮名義所部擴編爲兩師，見官加了一級。援鄂失敗後引起內爭，旅長袁植被殺，宋宣告下野，魯部退往廣東改編爲國民革命軍第二軍。趙把賀、劉、葉、唐擢升爲第一至第四師長，是爲趙之全盛時代。

四師實力參差不齊，以葉、唐爲優，葉駐沅陵兼任湘西善後督辦，唐駐衡陽兼任湘南善後督辦。因均勢之打破，長沙、衡陽間流言紛起，騬騬乎有演成政爭之迹象。根據省憲法，省長由省議會票選，倘任期未滿不能行使職權時，由內務司長（省憲改廳爲司，內務司與現在之民政廳相似）代理，至改選之日爲止。趙的任期要到十五年十月屆滿，但風聲一天緊似一天，乃提前宣告下野，派唐爲內務司長兼代省長職權，以成『揖讓』之局。

湘軍中主張重演『援鄂』一劇者不乏其人：吳勢已成弩末，去之正復易易，去吳而推趙爲湘鄂聯軍總司令，則趙既慶得其所，唐亦樂成其美。乃趙寧失所而不忍乘吳之危，於四月十三日飄然不別而行。

吳得趙離湘的報告，連連跺腳說，『這些都是省憲鬧壞了的。』他派人守候江干，想邀趙登岸一商，要派兵援助那不成問題，現現成成有兵可派。趙的意思卻不是這樣，第一，不願同室操戈而引北兵入湘第二，明知吳是不贊成省憲的人，私交自私交，政見不盡相合，斷無向之乞援之理。爲避免過漢時一切麻煩，輕車簡從，換乘江輪向下游駛去。

唐就代職後發出有電：『趙省長倦勤，迭電攀留，難移高節，用忘讓陋，出任艱鉅。環湘鄰省，皆務親善，保境安兵，絕不窮兵，集中精力，專圖內治。』他想繼承趙的門羅主義，先從統一本省入手。

國民政府命白崇禧、陳銘樞入湘促唐參加革命事業。三月二十五日唐在長沙召集軍事會議，葉稱疾不到，第二師長劉鉶、旅長唐希汴、祕書長蕭汝霖、第三師參謀長張雄輿、旅長劉重威等均被捕，且向岳州進兵（葉駐岳州），葉以兵力未集中乃退入鄂境。吳以湘局發生變化，令盧金山、劉躍龍、宋大霈等嚴加防範，派江貞艦進泊岳州。唐派歐陽任赴漢疏通，請以岳州爲緩衝地帶，吳的脾氣還是老脾氣，對著歐陽提筆寫了個『北』字，大聲說道，『我本來打算向北用兵，』接著又寫了個『南』字並且畫了箭頭線說道，『現在要移師南向了。你叫他馬上退出長沙，一切還好商量。』

叫唐部退出長沙等於叫國民軍自動繳械，吳的辦法老是那一套『既不知己又不知彼』的辦法。

過了幾天無動靜，吳也派代表到長沙來，問唐能否受吳的任命，唐答以不能，『趙前省長所不肯幹的事我也不幹。』『問白、陳何故入湘，唐謂『吳有代表赴粵，粵代表來湘是一件極平常的事，無過慮之必要。』他忽然火性發作，也大聲向吳的代表說，『湖南不是好地方，馳騁爭雄宜擇廣大平原，湖南伢子豈是好惹的！吳是赫赫大將，我是區區師長。吳有十萬八萬人馬，我只有步鎗二萬五千。吳進兵分爲中路、左翼、右翼，我的兵力只夠集中一路。吳有海軍大砲，我什麼沒有。他用不著派偵探來打聽我的虛實了，我把正確情報供給他。他打進長沙，我殺到武漢和他換防，著誰合算？打倒我不過打倒一個區區師長，不足爲大帥之榮，打倒他就是我一舉成名的機會。』此時唐陡然一躍而起，從懷中掏出手槍來晃了一晃，吳的代表大驚失色。唐說，『我不住租界和他一樣，倘不幸失敗，解決我自己的就是這件東西。』

談判一天天僵，形勢一天天惡，吳的祕書長張其鍠屢以『湘事湘人自了』爲言。上面說過，吳以善戰馳名全國，實則有勇無謀，顧前而不顧後，顧左而不顧右，二次直奉之役其失敗即由於此。一九一四年德皇威廉二世以絕世梟雄犯了『東西兩面作戰』的錯誤，卒致一敗塗地，此理婦孺都知，而吳悍然有所不顧。他既要北上與國民軍爲敵，又不惜挑動湘省戰禍，正犯了『南北兩面作戰』的危險。

湖南問題是個不可觸的問題，竭袁段之力不能解決湖南，何況二次出山後勢成弩末的吳，吳過去亦明此理，所以第一次頓兵衡陽不進，第二次淺嘗輒止，雖深惡所謂『省憲』而不敢相逼太甚，可是這次他卻違反了常態，這分明是在賭意氣，那裏算得用兵之道。吳再起後其聲勢遠不如前，雖擁兵若干萬，其中絕少嫡系部隊，只收容了些東歪西倒的雜牌隊伍，這些隊伍叫他們吃飯領餉是在行的，衝鋒打仗是他們最頭痛的一件事。吳明知無可用之兵，而乃一意孤行，不惜四面樹敵，這是吳第二次失敗的一大關鍵。

張屢次規勸吳，『唐的勢力不可侮，縱然打下了長江，打到了衡陽，湘省局部問題將演爲南北問題，大帥不可不愼』。但吳狃於過去用兵湘省之迎刃而解，尤以湘鄂之役以最廉代價而有最大收穫，他對唐的實力是估計錯誤了，同時對南北局勢的預測整個兒誤入迷津。

後來唐下令免葉之職，吳乃於四月二十五日派葉爲討賊聯軍湖南總司令，賀爲湖南省長，賀置之不理，另組護湘軍退處常德一帶。五月二日葉軍攻下長沙。六月唐取消代省長名義，正式加入國民革命軍任第八軍軍長兼中路前敵總指揮，四七兩軍亦入湘助戰，而湘省局部之爭提早了北伐軍的出發之期，是爲民國歷史上舊時代之告終，新時代之開始。

# 兒女英雄

舊時代的赫赫大軍人往往以一身而兼生、旦、淨、丑之長：高唱政論時像鬚生，叫囂演武時像大花臉，做盡諸般醜態時明明是丑角，但有時欲前反卻，欲語先紅臉，扭扭捏捏，活像梅派青衣的做工。

人生如白雲蒼狗，過去天津『羣英會』時代，張看不起區區第三師長吳佩孚，羞與之共几而坐。後來吳在洛陽做起堂堂巡閱使，稱起大帥來，曹晉級爲老帥，張氣得自己爬上三層樓，也稱老帥，以示『你高我更高』之意。孰知僅隔一二年之久，這次吳張合作，張卻自動地跑下二層樓來與吳同居，且把正房讓給『吳二哥』，自己心悅誠服的退居後房。蓋過去『深惡之』，正所以深喜之，因得來不易，所以把兄弟比眞親家更親，正應了『不打不成相識』的成語。

倘吳略施小技，收編國民軍以抗奉，或把魯張、直李拉過來以制張，至少足予張以莫大之打擊。然而吳是直性子的人，說合作，合作到底，所以張之危而復安，未嘗不是吳一手所造成的。張有『關內事請兄主持』之言，且一再電請『入都早定大計』，吳信以爲眞，乃提出『護憲』主張，先請顏（惠慶）閣復職。不料顏閣正待復職時，奉派閣員均不就職，張宗昌、張學良紛紛駕車出京，來了個『無聲之抵抗』。吳此時才恍然於自己對人生體驗之不足，張對顏閣是抱著強烈反對的態度，但明人不做暗事，何以事前無隻字提及？顏閣木已成舟，倒顏牽及吳的體面問題，吳已處於『欲罷不能』之勢了。

吳一再疏通之結果，張始而尚曰『政治法律問題請我哥主持，弟不過問』繼而則曰『軍事爲先，政治緩議』最後竟主張召集時局會議，法律問題應取決多數；蓋張對『護憲』問題認爲絕無通融餘地，否則去年討伐賄選爲無名之師，所以護憲亦牽及張的體面問題。甚矣合作之難，而人心之不可測也。

段已出京，顏又不能上台，北京限於無政府狀態，南口亦陷於『無戰事』狀態，擁黎派雖活動而無實力，派爲之後盾，亦僅等『過屠門而大嚼』。國民軍仍盼吳回心轉意，吳手下亦有人對此未絕望，張引爲不利，乃邀吳入京面談：『歷年政變皆由政客挑撥，以武人爲傀儡，吾弟兄二人見面一談，諸事皆可解決』。

五月二十七日吳以劉玉春部爲衛隊旅（劉已升任第八師長）由漢北上，於巡視鄭、洛後，三十日與晉閣在石家莊見面，車中又來一次閃電動作——下令免靳雲鶚的討賊聯軍副司令、第一軍總司令、河南省長、第十四師長本兼各職，各方聞之大震。

吳的三大將陳、寇都做了一省督理，只留下苦戰的靳久久不得地盤。靳主張聯馮討奉有幾項原因：

第一，他覺得吳是個貫澈主張的硬漢，不應認敵爲友；第二，他和張宗昌交手後對奉軍的戰鬬力估價甚低；第三看看已到手的山東地盤被吳的聯奉計畫打消，倘繼續對奉作戰，尚不難收之桑隅。他把這主張一再向吳陳說，吳只搖著頭不答應，『大家主張聯奉，我依從了，現在又要討奉，那麼我成個什麼東西！』

孫傳芳對聯奉亦不贊成：他與奉軍有不解之仇，刻刻以報復爲慮。吳的聯奉計畫，孫不便出頭來反對，暗中與國民軍保持相當關係。孫、靳結合再組『新直系』之謠一天緊似一天，吳尚未介意。後來國民軍猛攻大同，閻迭電告急，吳電令靳率部兼程赴援，靳在保定按兵不動，而奉方疑靳受吳主使有收編國民軍之意，遂亦按兵不動。換言之，靳是吳張合作前途的暗礁，靳一日不去，吳張間不獨政治合作不可能，即軍事合作亦有不可能。吳一再包涵，而靳之故態不改，最後乃以閱軍爲由不動聲色，在石家莊車中發表免靳令，旋又任之爲陝西督理。

吳自再起後確處於荊天棘地的地位：對內初則有鄂蕭多端掣肘，繼而靳又多端予以牽制，而陳寇碌碌不足數；對外武漢乃四戰之地，他以此爲其大本營，所以首先嘗試國民革命軍的『頭刀』。

吳靳表面上不傷和氣，三十一日抵保時靳到站歡迎，晚間隨至光園共餐。吳安慰著靳說，『人各有志，不可相強，你不贊成聯奉討馮，那麼你站開讓別人幹。將來到相當時機再叫你幹。』但靳一方不願幹，一方更不願叫他不幹他馬上辦交代，聲明不就陝督。

吳委齊燮元兼任第六軍總司令之留守保定。同時奉張亦解決了吳所不喜的趙傑部，以示投桃報李之意。這問題解決後，陰霾已一掃而空，吳張間卻又鬧著表面像禮讓而實際並非禮讓的一套障眼法：張請吳先入京以示『徐行後長者』之意（吳年長爲兄，）吳則稱『則吾豈敢，』張屢次命備車屢次欲行又止，吳則『以車爲家，』不向北京進發。中國人有一習慣主人送客時客人都不肯先走，此推彼讓，此拉彼扯，時吳張之神情正相類似。

這是表面的觀察，骨子裏卻另有『當仁不讓』的一件問題。吳自知火氣甚大，張亦自知絕非柔順一流人物，兩人一見面一句話不投機，難免不拋開新的兄弟之情，再算舊的仇敵之賬。他們想來想去想出一個絕妙辦法來，由雙方互派代表先作間接會議，吳代表張其鍠，張代表鄭謙於六月七日到津一再交換意見之結果，決定（一）軍事合作爲先，（二）政治擱置不談，以顏閣爲過渡內閣。兩代表舌敝脣焦，兩位主人仍然不輸氣，一個說，『如此則體面何存，』一個說，『我是顏閣的通緝犯，怎好到京自首。』

這問題足足鬧了半月之久，最後決定顏閣仍上台，上台後即宣布辭職，於二十三日以杜錫珪代閣，這樣才兼顧了雙方體面。二十六日張到京下榻順承王府，二十八日吳亦到下榻王懷慶公館。是日張絕早起床，上午九時即至王宅訪吳，吳降階相迎，張告辭不久，吳亦往順承王府答拜，張亦降階相迎。

奉張結交了這位新把兄，樂得無以復加，嚷著照相以留紀念。一會兒照相人來了，吳張端坐前排正中座位，張宗昌、學良站在後排。吳呵欠連連，打著嗑銃，張則喜氣盎然，神采奕奕。不料左等右等，照相人呆若木雞，吳早已等得不耐煩了，張也詫異地問道，『照相機出了毛病嗎？』那知背後出了把戲，學良用手做亡八姿式悄悄放在宗昌的頭上，宗昌毫不覺得，照相人不敢把這個怪模樣攝入鏡頭。等到宗昌發覺時，伸起手來摳學良的手掌心，奉張回頭一看，嚇得兩人正經面孔來，拍的一聲，才結束了這幕趣劇。

宗昌和新任直隸督辦褚玉璞忙著備兩份門生帖子送到吳的行轅，吳謙遜不遑，退了帖子，改送兩份蘭譜敷衍他們的面子。

這次吳張會晤事前足足籌備了月餘之久，勸駕，促駕，交換意見，極楮墨口舌之勞，而接談時間只有短短數十分鐘，所談者都是些客套話，無關軍國大事。下午同赴杜閣的居仁堂宴，當晚吳乘車赴長辛店，張送到車站時祝其『馬到成功』，吳連連說，『仗老弟洪福。』

張於二十九日由京返津，忽然記起一件事，附帶解決了李景林部。從此魯張亦不敢不聽其號令了。

## 南口之役

吳張議定軍事由奉、直、晉三方面擔任，統帥則推吳擔任，關內奉軍及直魯軍悉聽指揮。吳暗向田維勤說道，『你攻下南口，我任你爲察哈爾都統。』田是靳的舊部，一來不願打，二來不能打，打來打去，自己的部隊今天譁變一團，明天譁變一旅，而國民軍愈戰愈勇，吳的威風又爲之掃地以盡。

田也學得寇英傑打假捷電的方法，謂於某日攻下南口，後來證明不確，吳氣得暴跳如雷，蓋已自知不惟無可用之兵，亦且無可用之將了。那時湖南告急電一日數至，吳咬緊著牙關打回電，『南口一日不下，則本總司令一日不能南下。』曹命彭壽莘勸吳放棄南口軍事，早早回武漢布置湘鄂防務，吳以不願『功虧一簣』卻之。

老實說，奉張視察、綏爲其禁臠，因吳自告奮勇，不得已推他主持軍事，而奉軍觀望不前，直軍作戰無力，都是南口久攻不下的緣故。後來吳被迫把南口軍事交給奉軍及魯張，奉軍第十軍軍長于珍乃於八月十四日攻下南口，而以曠日持久之故，湘鄂軍已到不可收拾的地步了。

當用兵南口之前，張電吳『敝部悉聽吾兄指揮，我的部隊就是你的部隊。』南口攻下時吳以主帥資格保舉作戰出力人員，對奉軍將領意存客氣，杜閣根據吳的保單發表了一批敘勛命令，其中最重要者授宗昌爲義威上將軍，學良加上將銜。不料吳做好不討好，首由學良來電堅辭，繼之以各將領一致璧謝，學良措詞尚溫婉，各將領則稱『本軍係奉上將軍命令，紀薰授勛應由上將軍查明具報辦理。』杜閣弄得沒法只好向他們作揖打拱說道，『明令不便收回，就請你們將就賞收了吧，否則叫我怎樣下台！』杜閣爲『哀公之政』不待說，吳受了這次苦的經驗，才知做人之難，而與人合作尤難。上文一再說過，他對人生的體驗常不夠，奉張以『上將軍』名義統馭其部屬，豈可『天有二日？』且宗昌在奉系中僅處於『養子』地位，吳乃授以『上將軍』之崇號，無怪乎討此一場沒趣了。

# 血染汀泗橋

吳以馮爲正面敵人，而對南尙居其次，所以南口一日不下他一日不回師再則吳狃於過去湘鄂之役，估低了革命軍的力量，以爲黔有袁祖銘，贛有鄧如琢，革命軍入湘恰恰陷於左右翼包圍中且無海軍爲江面之掩護，長岳尤不可守，所以他仍在做著『四次征湘』的迷夢。他忽視了今昔形勢之不同：過去湘軍對吳無作戰之決心。因和議錯過了一鼓直下武漢的良機，而這次湘軍之後尙有養精蓄銳的粵桂軍，都抱著『滅此朝食』的勇氣。過去吳的部隊是基本部隊，且北方完全是直系的天下，後路源源接應，而這次吳手下都是些雜牌隊伍，能打不能打是一問題，願打不願打又是一問題，後方烏烟瘴氣尤非往日可比。

七月十日唐軍復入長沙，此後唐葉兩軍即以汨羅江爲天然界線，相持達月餘之久。吳在長辛店火車中電令李倬章爲湘鄂邊防總司令，這支兵力不僅不足爲葉軍後援，葉軍在前線苦打，他們在後方搗亂，勝則爭功奪地，敗則不戰先逃。八月十八日革命軍下總攻擊令，袁祖銘輸誠擔任左翼，唐任正面沿湘鄂路前進，二十一日克岳州，同時右翼四七軍克平江，葉軍鬪志已失，北軍紛紛奪車而逃，羊樓峒、趙李橋、通城、崇陽，相繼不守，而葉部僅能徒步退卻。北軍慌亂中不及掘毀鐵道，一口氣逃到汀泗橋來，聞『吳大帥』到漢才勉強地停住腳步。

二十五日吳抵大智門車站時，聞前方藩籬盡撤，北伐軍深入堂奧，陳嘉謨按兵不動，不禁勃然大怒，嚇得陳爲之屈膝。吳踢了一腳罵道，『去！』

各將領均欲向吳報告軍情，吳說『你們人數有百把人人向我報告，幾天幾夜聽不完，而革命軍已于于然登臨黃鶴樓了。我在長辛店時你們的報告那一件實在？我馬上到前線，你們跟著我拼命去！』各將領受了訓斥，滿腹經綸一個個都拿不出來。

那時漢口是亂糟糟一片恐怖世界：租界堆布了沙包，房租一天天飛漲，汽車、馬車、洋車滿載箱篋像潮水般湧入租界區來，尤以達官貴人搬家搬得最利害，行人帶著慌亂的腳步，只有租界旅館商浮著歡樂的笑容。市民爭睹東道，十成中有九成九革命軍會殺到武漢來，那一分是『吳大帥』的威風尚未完全消滅，也許尙有一絲絲轉敗爲勝之機。

吳一面電調京漢線各軍星夜馳援，一面親率劉玉春的衛隊旅於二十七日赴前線督戰。又令營務執法總司令趙榮華組織大刀隊把守各要口，遇有退縮官兵，一刀一個，人頭滾滾，一日之間砍殺團營長九人，逃兵正法者更無其數，才算止住陣腳，展開了汀泗橋的一場血戰。

吳自己立於猛烈砲火中，把衛隊掃數兒加了上去。那時劉已奉委為第八軍長，一般人喚之為吳身邊的『趙子龍』。那次戰事雙方犧牲極大，是革命軍討吳戰役中最激烈之一次，倘非革命軍前仆後繼，也許吳這一套拿手好戲會有與前相同的效果，但吳的命運太壞，他所遇到的是『強中之強』。

前方稍稍穩定，成了相持之局，吳車開回鮎魚套，飛調海軍集中待命，並摧毀軍火，速開到武昌來。這時有人上車告密，『劉佐龍勾通革命軍，漢陽形勢不穩。』吳說，『莫造謠，他是我最相信最靠得住的。』

援軍遲遲其行，海軍不及調度，革命軍再來一次比前更猛烈的擴大攻勢。吳的趙子龍從前方敗退回來，直挺挺跪在地下，滿臉倘著熱淚，荷荷地說道，『我對不住大帥，我的人死了一半了，請大帥把我正法吧！』吳正伏案草擬反攻命令，詢知前線兵敗如山倒，督戰不中用，軍令早已不行，潰兵前進無瞻量，而背進時人人卻都有挾山超海的勇氣，向督戰隊大呼『殺殺！把他們殺光了再說！』吳停筆嘆了一口氣說，『好，你起來。你總算盡了最大的力量了。好，我決定死在武昌，你到前方照料去吧！』他撤回了反攻令，提筆改寫死守武漢三鎮的計畫：（一）任命劉佐龍為湖北省長兼漢陽防守司令，（二）任命劉玉春為武昌城防司令，（三）任命靳雲鶚為武陽夏警備總司令。吳四顧無可用之將，因而回想到靳倒是一員戰將，

所以到事機臨危時又把他起用了

初僅有大刀督戰隊，繼而又有機關槍督戰隊出現。無知潰兵越到越多，越退越勇，正應著『自家人打自家人』的一句老話。其時汀泗橋已不守，所謂前線距吳的司令部僅有三五十里之遙，潰兵竟向吳的火車開起槍來，擊死副官一人，傷衛隊二人。吳鑒於潰兵之不堪再做『砲灰』，乃下令組織水陸潰兵收容所，並在蛇山、龜山架設大砲以資防守。一會兒，劉又滿頭大汗跑到車上來，仍然直挺挺跪下，仍然淌著眼淚說，『大帥，一切都不成了，靠著這些亡魂喪膽的敗兵守著最後一道戰線是絕不濟事的。』吳說，『我決不放棄武昌。我吳佩孚死在戰場上比死在床上好。』

劉慨然站起來挺胸說道，『大帥不能死。我願代大帥一死。願代大帥守武昌。我死了不算什麼。』吳的熱淚不禁從眼眶中淌下來，多少赫赫有名大將，多少當督軍、總司令受恩深重的人到事機危急時一個個躲開，只剩得這個無名小將報之以死。他又嘆著氣說，『事情都壞在峴亭（陳嘉謨字）手裏。他不能走開，要他同負城防責任。』那時守城部隊是劉的一旅，新編第三師一師，陳嘉謨一師，城牆上架起大炮，各城門都關起來，只漢陽門偶然開放一二小時以便軍民在江邊提取飲料。

九月二日吳渡江回到查家墩司令部。靳已應召由雞公山抵漢，毅然以堅守三鎮爲己任。那時在武昌城上從望遠鏡中可以看見革命軍在龜山大砲（龜山在漢陽，其大砲向武昌郊外轟擊。）猛烈砲火下向前挺進不已，湘軍雪了民十援鄂之恥，而西南若干年來會師武漢的大理想行將實現了。

吳恃長江爲天塹，尚未完全絕望。他在砲聲隆隆中一會兒渡江到武昌，一會兒回到漢口，夜不交睫，席不暇暖，是他一生最辛苦的時代。革命軍攻武昌不下，頗有死傷。倘吳所遇的不是革命軍，則利用堅守武昌以牽制對方之進展，一面集合援軍及海軍，則前途之成敗仍未可知；但革命軍決不因武昌未下而稍挫其凌厲無前之勇氣，除以四軍圍攻武昌外，另以其他各軍由上下游渡江，再作猛撲陽、夏之舉。

九月六日忽然一顆炮彈打到查家墩司令部來，照方向是從龜山打下來的。吳搖著電話機問佐龍，『這是怎樣一回事？』那邊的答覆是，『打錯了。』話尚未完，第二彈的溜溜飛來。吳說『現在又該打錯了嗎？』那邊沒有回答，這時吳才知道佐龍已響應革命軍而向總部進攻了，他在慌亂中跳上了京漢車，向北開去。

# 割肉將軍

北京人劉玉春年四十八歲（民國十五年）個子很高大，頭髮帶著灰白色，望之如五十以上人。他是第八師第十五旅長，第八師駐宜昌並非吳的基本隊伍。吳命寇英傑攻豫時，調第八師為正面進攻部隊，劉率三團人參加，在信陽與蔣世傑打死仗的就是他。信陽攻下時寇委之為信陽警備司令。

蔣世傑守信陽使他受了莫大的感動，後來他守武昌未嘗不是那件事的影響。吳自再起後，睜開眼睛一看，都是些衰兵懦將，劉則不失為北方亢爽軍人，所以提拔他任第八師長，繼而又升任第八軍長。吳劉關係就只有這短短一點關係。吳把劉的三團人編為衛隊旅，率之北上，率之南下，汀泗橋危急時才命之加入火線。那次血戰中三個團長都戰死，三十九個連長只剩五個，兵士死傷過半。

那時升官原係一件極平常的事，所謂『蜀中無大將，廖化作先鋒』，寇以鄂軍旅長升到豫督，靳以豫軍師長升到副帥。但劉則懷知遇之感，願報之以死，汀泗橋之戰其不死者幾希。

八月下旬奉令守城，直守到雙十節，『吳大帥』早已逃出武勝關外，南昌且已發生爭奪戰，外面形勢日非，而城內都是些敗兵之將，守兵萬餘人之中第八師僅有二千人。別人天天要降，劉則堅持與城共存亡之一念——吳命之守武昌，他不能讓武昌斷送在他手裏。外而砲火亙天，內面軍心離散，一面爲防禦戰，一面還得分出兵力來監視城內雜牌軍的行動，劉應否盲目服從是另一問題，其堅毅不屈之性則殊足以表現北方血性男兒的好風骨。當然，革命軍未川重砲攻城爲著保全城內居民的生命財產，所以屢次任由商會及英領居間交涉，擔保城內諸將生命安全，所部由佐龍收編。劉與之磋商條件則係緩兵計，天天尙以無線電與吳孫通消息，望之火速來援。吳孫的回電是大『吹』，把北軍的聲勢吹得如荼如火，而事實距離愈遠，劉始斷絕了待援之念，其另一念爲『死』。

革命軍與城內雜牌軍互通聲氣，餽以香烟及大米飯，他們得之如獲至寶，蓋城內糧盡援絕，已多日不嘗此風味矣。城內居民尙留有十餘萬，最使劉喪氣的是雜牌軍紀律太壞，誅之不可勝誅，尤慮肘腋之變發生。十月十日，守軍賀團暗約革命軍進攻小東門，爲調虎離山計，當劉馳往防堵時，該團開通湘門迎革命軍一湧而入，陳嘉謨化裝逃走，劉登蛇山指揮著死戰，戰到全城守兵盡降時才被身邊的于旅長把他死拉活扯地拉到文華書院，卒被革命軍擒獲，解往第四軍司令部。十一日陳縋城欲下時亦被生擒。

革命軍最高統帥以劉不失爲忠勇軍人，傳令予以優待，劉的臥室中有茶烟臥具，手足未上刑具。新聞界有人訪問陳、劉，陳垂首不語，劉則眉目軒昂地說，『軍人以服從爲天職，我對得住吳大帥，所懺悔的是太對不住老百姓了我陸續打開漢陽門放他們出城，已難民太多，每人只能放出二千人左右，且爭擠溺死者不乏其人，我聽了很傷心，我明知不能守但我憑良心說話，吳大帥主張或不對，人格卻很高對我也很不錯。我自知殃民應死，今既被擒，把我的肉一片一片地割下來這樣那樣的割也是應該的』。

一面說他一面用手做著割肉的姿式。新聞記者聽了他的一段話幾忘其爲反革命之敵將，而不能不佩其視死如歸的人格。後來陳頤以二百萬爲贖命之資，革命軍未允，但以劉之愚忠可嘉，與陳同時釋放。劉不久回到天津死了。

吳聽到劉被擒的消息，天天催著反攻，他的部下口雖應而足不行，吳只有搓手跌腳而已

## 吳孫之間

孫傳芳見重於吳始於湘鄂之役那時孫是敗軍之將，後來扶搖直上都是吳一手所培植的。但孫的想頭卻不同，他是王占元的部將，王在事機危急之秋乞援於吳，吳未嘗拔刀相助，且乘勢攫取湖北地盤。後來吳對他另眼相看，誠然是事實，但吳利用他包抄皖系後路也是事實。孫以爲江山是自己打下來的，對吳無所謂知遇之感，僅有互相利用之關係。

當吳與革命軍作戰失利時，望孫援如望歲，兒孫按兵不動，正如王占元危急時吳之按兵不動一樣。（那時蕭耀南按兵不動，這筆帳當然寫在吳的頭上。）孫默默地想：『一報還一報，我現在即以其人之道還以其人之身吧！他是直系大領袖，我是直系小領袖，他是山東人，我也是山東人。我不好意思搶他的地位，讓革命軍打倒他，我不妨做漁翁，那麼我將來的天下乃得之於革命軍而非取之於他的手了。』

吳做夢不曾理解到孫的這種心理，還當他是自己的同鄉、自己的嫡系、至少是自己的友軍。還有幾筆帳兩人寫法不同：過去孫由湖北假道江西打到福建，再由福建打到浙江，這當中孫承認有幾分之幾是得了吳的助力；後來再由浙江打到南京，一路席捲安徽、江西，造成了五省聯軍總司令的地位，那就完全憑著自力而與吳渺不相涉了。但吳卻把這筆帳整個兒寫在自己名下：當孫軍入浙時，夏超、周鳳歧作了內應，這兩人與吳暗中早有聯絡，因吳的關係才推到孫的身上。當孫部與奉軍楊宇霆、姜登選作戰時，蘇皖將領陳調元、白寶山、馬玉仁等與吳亦早有聯絡，倘非他們包抄奉軍後路，孫的一點點兵力怎能打得那樣順手？所以孫的整套兒喜劇吳自覺有編劇和導演兩重資格，決非渺不相涉的旁觀者。

吳號爲『討賊聯軍總司令』，孫亦以『五省聯帥』自居，不啻與吳脫離而另成系統。

孫打到固鎭後收兵回到南京時忽然唱起『聯省自治』調子來。吳生平最惱這個調調兒：從前湖南製訂省憲高唱湘人治湘及聯省自治論，吳尙且悻悻然欲興問罪之師。『你孫某是山東人，山東人在東南五省也玩這套，豈非南腔北調？』當吳聽得怪刺耳的時候，派蔣百里赴甯問孫，『你究竟想怎辦？』

吳先把自己的宗旨向孫說明：他主張武力統一而反對窮兵黷武。他說必有武力而後可統一，這武力是促成統一之工具而非用以製造戰爭的。他不贊成打廣東，只一人（指馮）在所必打，同時反對借外債打中國人。

百里先生是有名的軍事學者，吳欽慕他的學問，同時他也欽慕吳的風骨，所以擔任了吳的參謀長。吳對任何人都是頤指氣使的，獨對百里先生禮貌優渥，呼之爲先生，大得尊賢下士之道。百里先生過去不甚了解吳之爲人，後來朝夕見面才知道除風骨之外吳是一無所有。他是個頭腦極清晰的人，而所輔者卻是個頭腦極頑固的人，志不同道不合，早有見機引退之志。他到南京見了孫，孫的答覆是不著邊際的答覆。他由南京便道回上海，看到吳的『南北兩面作戰』之必失敗，看到聯奉對馮之非計，看到對湘用兵之逆流而行，情不自禁地打了一個忠告吳的電報請將總部取消。吳說『好，你要我下台，我先要你下台，』提筆委蔣雁行繼任參謀長。

吳孫之間因記帳不同而有隔閡，但仍保持貌和神離的關係。在吳看起來，無論孫如何不就範，自家人終是自家人，斷無相爭相鬩之理，並且自己的力量不敷擺布他，姑且讓他三分。孫亦有孫的看法：吳早晚必倒，假手於南軍比自己動手省力。並且孫的部下周蔭人（福建督理）、鄧如琢（江西總司令）都主張擁吳，孫不好意思對部下說自己不擁吳。此外五省地盤內尚有非嫡系的夏、周、白、馬諸將領都變成了吳的忠實信徒了，萬一自己惹動了吳的火氣，至少搗亂有餘，犯不著自討苦吃。所以孫在事實上儘管不受吳的調度，表面恭順不改打起電報來還是寫『鈞鑒。』

孫在浙江布置私人勢力，夏超、周鳳歧等抱著『兔死狗烹』的心理。夏屢屢打密電給吳，訴說孫刻薄寡恩，言外有去孫之意。吳覆電極力安慰著，叫他不要妄動。吳聞孫亦有去夏之意，忙著誥戒他說，『你對夏不能有所誤會。他怕你是事實、你好好撫慰他，我保證他必能效忠於你』。吳以爲發覺了孫的錯誤是應當加以規勸的，不料不勸猶可，打了這個電報後更促成了孫去夏之決心，這是吳的坦白處，也正是他對人生的體驗不太足處。後來逼得夏、周通款革命軍（十五年十月十六日）孫乘機派盧香亭殺了夏超，解散了白、馬兩部，只有陳調元與孫早有結合，安然做了安徽總司令。

孫的另一心病是齊燮元做了吳的副司令，吳再起後齊也想來一個『鷂子翻身』的解數，恢復六朝金粉之地。吳雖不近人情，卻不曾荒唐到那個地步——逼著別人把刀子殺出來的江山還給原主，後來奉吳聯合告成，又給孫一下暗傷：奉軍是孫的敵人，這筆帳越算越疙瘩。那時孫與靳雲鵬有重組『新直系』的計畫，不料靳被免職，孫爲之惴惴不安。

當吳軍攻南口時，孫每天有電報報告湘中戰況，大有自告奮勇之意。南口攻下後吳把西北善後交給閻錫山、張宗昌去辦，一面打電報給孫說，『我由南口調五師南下湖北。除陳一師留守後方外尚有六師可調。我一路沿湘鄂路應戰，一路派海軍由洞庭湖入岳州，請你派兵由銅鼓、修水直趨瀏楊、平江以收夾擊之效。我某日南下，我抵漢之日，最好即你到九江之時』。孫立刻回電說，『準遵命辦理』。

吳以爲這是沒有問題的——孫由江西出兵是共存共榮的必要動作。那知吳的專車過信陽時，葉開鑫告急電雪片飛來而五省聯軍渺無出動的消息，吳到了漢口，孫還端坐南京與名流爲文酒之會。吳去電質問，孫答『所部配備未就緒。』蘇浙詩人們紛紛向孫說『聯帥好整以暇，其如玉帥之朝不保夕何！』孫微笑答道，『玉帥最好的辦法是下野，讓開一條路引誘南軍衝殺出來。我有一個比喻，繩子捲做一團，刀砍不斷，拉長了，一剪便解，這是消滅南軍的唯一妙訣』。

革命軍佔領武漢後，第七軍李宗仁等部奉令東征，孫軍劍及屨及，不再談『配備未就緒』的話了。孫部初與革命軍接觸時略有進展，那時吳在鄭州接得孫的戰報自誇絕對有把握，像在譏誚吳之不中用，今後重頭戲只輪到他一人獨唱了。隔不多時，革命軍反攻大捷，孫自己做了繩子讓革命軍寸寸剪斷。後來孫北上乞援於奉軍，（十五年十一月十九日抵津參加『討赤會議』）願服從張的命令，所以張組織安國軍以孫與魯張爲副司令。）夠不上『合作，』老實說做了一位降將，而奉張派張宗昌援蘇，（十五年十二月十九日）只見引狼入室之害，未收秦師救楚之利，正應了『一報還一報』的話。

當革命軍出湖南直指武漢之際，倘孫部火速應援，吳孫通力合作，革命軍的勝利誠然是不可推翻的，這因爲革命軍一團朝氣，而北洋系腐朽機構終無重振之可能；但北伐工作較艱苦，進展較遲緩也是必然之勢，所以孫的按兵不動間接便利了革命軍，因而獲得『各個擊破』的莫大戰果。

# 吳張之間

吳由漢口退到鄭州後，其地盤北自保定南至武勝關，靳在郾城設立司令部，日日言反攻而日日按兵不動。按兵不動是他的一貫作風。吳的地盤一面是明槍，一面是暗箭，這由『兩面作戰』而轉入『腹背受敵』的階段了。

奉張天天打電報問吳，『你究竟怎辦？願作戰呢請南下作戰，不願作戰呢請讓開一條路讓我們南下。你的軍隊靠不住，我的軍隊就是你的軍隊，統通交給你指揮都成。』吳過去嘗足了『指揮奉軍』的苦味兒，『他的這一套又來了！』所以吳回電說，『我不日反攻，請你莫南下，要南下，千萬莫走我的路。』吳一面催靳出兵，『你再不出兵，我就無法阻止奉軍了。』

奉張不是叫『吳二哥』叫得怪親熱嗎？他當初結識了這位打倒了他自己的老哥，以為足替本人增光，樂得無以復加。可是現在呢，這位老哥竟做了落湯之雞，喪家之犬，他那裏還把倒霉的老哥放在眼下！吳到鄭州時，以南為『敵』，以北為『友』，不曾想起老把弟由敵一變而為友，由友再變而為敵，變來變去，變到原來對敵的地位。這種敵人是『軟』敵，倒戈有所謂『軟倒戈』，做敵人也有這類的『軟敵』這是現代政治舞台的新發明。什麼叫『軟敵人？』他露著滿臉的笑，口頭上還是叫二哥，還是說『作到底，』不說搶地盤只說請『讓防，』正和侵略者所謂『親善』『共同利益』同一口吻。

吳只堤防到革命軍出武勝關繼續北伐，卻夢想不到奉軍將渡河而南，告急文書不自南飛來而自北飛來，保定一天天吃緊，吳只能悶在肚皮裏生氣。齊燮元請示迎拒奉軍的辦法，吳那裏拿得出辦法來，只叫他相機處理。奉張打來電報說，『二哥你怎麼按兵不動？孫馨遠乞援於我，我已答應了，我要肩起收復武漢的責任。你不能打，我願代你打，你莫站在中間擋著我的路。』這麼說，吳的地盤倒變成了張的路線，而吳倒變成了張的障礙物了。

吳的確是張的障礙物：當國民軍退出北京時，張以爲新華宮輪來輪去，應該輪著了他。他和吳拜把子是請吳做『皇兄，』不是請來做『老大哥。』不料吳不善解人意，唱起『護憲』高調來，他暗暗氣在心裏，所以拆顏閣的台，令其部屬拒絕吳所保舉的勛章、各位以洩忿。

吳一蹶不振後，張又暗暗喜在心裏。北平所謂『最高問題』又鬧得滿城風雨，外間有『執政』及『非常總統』這種風說。當前的另一大勢力是孫，張乃伸手以待其一握，大唱『張孫合作論，』且有由蘇魯同盟擴大爲東北、東南大同盟之說。孫過去以奉爲敵，此時不能不和奉以對南，而過去吳之和奉尚處於對等地位，孫之和奉則爲『北面以事』的政策言之徒令人齒冷耳！

孫軍失敗後，孫自己溜到天津來用勸進手段乞援於張，初則有『統一軍權』之商榷，繼乃有『安國軍』之組織。張欲以吳、孫、閻、宗昌爲副司令，如此則天下惟我獨尊，而最高問題不成問題了。乃以『統一指揮』爲由請吳取消『討賊』名號。言外之意若曰：『我過去把南口的統帥權交給你，你應該投桃報李才對。』

吳則深知名器之不可假人，岸然置之不答。張於十五年十二月一日宣布就安國軍總司令職，僅以孫與宗昌爲副司令，深感美中不足，遂又分電吳孫，『北方陷於無政府之狀態，軍事上不足以資號召請將尊見示知。』假使吳是善解人意的，只要仿照張過去對他的語氣，『我一切無成見，政治悉聽主持，』張馬上就有黃袍加身的機會了；無如吳閉著口一言不發，張又暗暗氣在心裏，又以南援爲讓防之口實，以讓防爲奪防之事實。

當武昌城破之日即奉軍接防保大之時。其時國民軍佔領潼關，馮由俄返國任北方國民革命聯軍總司令，靳與之早已打成一片，天天逼著吳反奉聯馮，吳一怒之下，又於十六年一月二十八日免靳本兼各職。靳口稱服從，卻躲在雞公山發號施令，布置反奉軍事，而吳則處於日薄崦嵫之境了。

二月八日張通電北方諸將云，『武漢不守，禍延長江。只以豫中係吳玉帥駐節之地，再三商詢，自任反攻，我軍雖切攖冠之請，並無飛渡之能，兵至直南而止。今時閱半年，未聞豫軍進展一步反攻之望完全斷絕，長江上下將無完土。茲已分飭敝部前進，誓收武漢，進取粵湘。其豫中將士但係宗旨相同，即無歧視，一切名義地位悉仍其舊』這幾乎成爲變相的『討吳令』。吳乃於烝日電覆云：『貴軍南下愚兄無法可以簡單命令使敝部趨於一致。縱令吾弟兄能開誠相與，而無時間以資調處，自不能相安無事。若以威力行之，恐救鄂未及，糜豫先成，討赤未遑，絕友先見。盼速停止前進。』張電請入京相晤，吳不允。又請『返蓬萊養望』吳亦不答，乃又有巧電致吳云，『自陽夏不守，貴軍節節北退，兄卻敝軍之援，又無反攻之力，時逾半載，迄無解決之方。弟熟慮審察，非進兵不能討赤，非入豫不能進兵，師已出發，萬無停進之理。靳二三其德，陽夏之役忍視我兄失敗，今則拒抗義師，旗幟顯然，兄何必庇庇不忠不義之部屬？』

先是保定『讓防』之後，繼之以石家莊『讓防，』繼之以黃河北岸進入奉軍之掌握，齊燮元知事無可爲，自動下野。張一面呼二哥，一面暗罵他『不戰、不和、不守、不死、不降、不走。』假使吳的殘兵敗將是團結一致的，倒不妨『讓防』讓到底，由京漢線退往豫西一帶，讓奉軍嘗試革命軍的利害。不料外侮方殷，內爭又起，靳挾著滿腔怒氣由雞公山跑到鄭州來。

『大帥，我願遵令交代，但不下已忍無可忍了！我只能打一面，如向武漢打去，後面屋子被自稱朋友的占去了，我們怎樣打法？我保證南軍不出武勝關一步，我們應權衡輕重，打退了鬍匪再說。』

吳的感想是，『主意雖不是主意，話卻說得痛快。』吳生平最惡招秦暮楚覆雨翻雲的人，當陳烔明炮轟廣州總統府時，他罵『競存（陳字）太無人格了，別人可打中山，你不能打中山。』這個比喻不能用在吳張的關係上。但吳抱著『寧人負我，毋我負人』的態度，認為奉張不夠朋友是另一問題，我不能不夠朋友，換言之，別人可打奉，我是不能動手打他的。他的言外之意好像是『你要打你自己去打，切莫肩著我的招牌。』靳懂得這個意思，他臉上露著堅定的神情說，『我是打定的了，大帥不叫我打，我自動的打，不用大帥名義，用保豫軍名義。』

吳皺著眉頭說，『局勢遭到這步，讓你們自己去幹吧！』靳得了這個口風，所以別了吳回到郾城組織『河南保衛軍總司令部。』外傳靳倒戈是不可靠的，不過雖非倒戈，與吳脫離卻是事實，這與『軟倒戈』又自不同。嚴格地分析起來，是取得同意的脫離關係，是『背』而不是『叛。』

張對吳多少還存著點客氣，這時竟來了一次類似絕交的電報：『執事頓兵不進，委過保大京漢兩事，保大為中國領土，非執事所得而據。敵來犯境則退讓不遑，友來假道則屏絕不許，眞不知宗旨安在！近聞靳部包圍左右，我兄已失自由，來電恐非眞意，亦所深諒。』這電報前半段呼『執事』末段雖尚有『我兄』之稱，而兄弟之情絕矣。

三月十三日奉軍以飛機重砲爲掩護在黃河北岸渡河。吳倘不離開鄭州，只有做奉軍俘虜之一途。這時閻錫山打電報迎吳入晉，在殘兵部將中抽選可用之兵五萬人到晉城整理一下，再出娘子關共同討奉。吳不肯接受，他像幕僚們說，『我要打奉軍，在河南豈不好？何必跑到山西去打！』

吳把自己的部隊清算一下，吳新田一軍在陝西，于學忠一軍在南陽，陳文釗一軍駐鄧縣，張聯陞一軍布防襄樊，王維蔚、王維城等部以投入『保豫軍』，寇英傑仍在開封。算來算去，東邊不是路，還是往西邊走的好。他離開鄭州時下令自兼豫北防守總司令，下分三路：第一路馬吉第守牧馬集一帶，第二路劉希聖守中牟至黑石關之段，第三路張席珍守黑石關至洛陽之段。他對奉像下了另一決心，『你要我讓出京漢路，我就讓出京漢路。無論你跟誰打都不干我的事。我現在退到豫西，你沒有理由再逼我了，假使再逼的話，我就和你見個高低』。

奉軍前線將領張學良、韓麟春等部渡過黃河，保豫軍迎上去展開了一場山崩地坼的惡戰，靳手下第一勇將高汝桐坐著鐵甲車去搶奉軍的鐵甲車，兩車相撞，高的身體變成了一堆肉醬。

# 走南陽

張老早就有由三層樓更上一層的意思。自與吳結合以來，當初不明吳的底細，以為新『吳』尚是故『吳』，至多只能與之平分天下，所以把他的『黃袍夢』延擱了好些日子。後來見吳的勢力一天天衰落下來，而且不止衰落，簡直地趨於消滅。同時孫傳芳節節敗退，退出五省地盤，悽悽惶惶地跑到北京來向之勸進，他覺得他自己已造成了『舉國一人』的地位了。照著他的主意，很想叫吳到北京來，封他一個『一字並肩王』或『武義親王』之類，或者把奉軍交給吳指揮，那麼吳便是他的一名部將了。不料吳不僅不肯指揮奉軍，而且簡直地不給他回信，張對於這位新把兄頗感『咬不動，吞不下』之苦。現在呢，奉軍已到河南，張以為吳不必再存客氣了，便老老實實地稱起『中華民國海陸軍大元帥』來（十六年六月十六日）。

當前最大勢力是革命軍的勢力。張自知敵不過革命軍，又不願歸附革命軍把自己由最高一層樓降到二三層樓來，所以他與革命軍之間有著微妙關係，一方是敵人，一方卻露著伸手待握即對等議和之意。他說他是『中山先生的老友，除討赤一點外，南方任何建議，無不傾誠接受。』他標榜著這個主張，倒把他自己的地位弄成了非驢非馬的地位了。試舉一小事爲例，安國軍（即奉軍）取締三民主義甚嚴，張就大元帥之後又自謂『服膺三民主義，』這不是拿自己的手打自己的耳光嗎？那時綏遠都統商震採辦了大批三民主義，由滬運津時被津海關扣留，商震根據張的理論電請放行，張只好糊糊塗塗地答應。

張的問題放不下談，再談吳的正傳。吳自移駐鞏縣後，自以爲跳出了戰爭漩渦。不料戰神偏偏尋著他，不讓他有苟延殘喘的機會。馮部由陝西出動，鎭嵩軍劉鎭華在洛陽響應，潼關張治公部卻又投降了奉軍，雙方有一觸即發之勢。因此奉軍又向吳提出『讓防』的要求來，『你別擋著的路，莫讓馮玉祥先收洛陽。』張學良請吳移居鄭州，當以『老伯』之禮相待，吳那裏肯做自投羅網的『老伯，』還是守著他的老主意——不理不睬。

不理不睬不成，奉軍青年將校沒有『老帥』的涵養工夫，一次不理，二次不理，三次便拿出硬工夫來，不再請『讓防』而實行其『奪防』主義了。吳的幾支兵馬怎敵得『老姪』們一股銳氣，當汜縣部隊被繳械消息吹到吳的耳朵裏，吳又於五月十五日忙亂地離開鞏縣，實現『走南陽』之一幕。

由鞏縣經嵩山、方城到南陽一路受盡了千辛萬苦。那時唐生智部由京漢縣北進，馮部由隴海線東進，靳雲鶚取消了『保豫軍』名義通電就第二集團軍第二方面軍總指揮之職（第二集團軍總司令爲馮，後靳部被馮解決）。吳于會合後，于得第八軍有馮的舊部也有靳的舊部，叫他打馮，馮的舊部會反水，叫他打靳，靳的舊部會倒戈，叫他們不打而僅以保護『大帥』爲其唯一之職責呢，吳的目標太大，又怕有人把吳擒去獻功，于想來想去只有請吳離開南陽之一策。

南陽部隊不穩，張聯陞不穩，到處飛揚著一片青白旗，吳有走頭無路之苦。最後想了一想，還是到四川找找楊森再說。子惠（楊字）是血性男兒，當不致閉門不納。他把這主意向于商量，于不表同意，因爲（一）經過老河口時還是要打——和張聯陞作戰，而打是不大穩妥的。（二）四川非北人立足之地。後來吳改變觀念，提議由駐馬店跨過京漢線直趨安徽，于亦覺舍此別無辦法，只好勉強同意。

事實證明了于的見解是對的：打不是辦法，不打也不是辦法，軍心不渙散則已，一渙散就難想出個穩定軍心的辦法來。當他們於六月十九日離開南陽走到田營（地名）時，于部顏得勝旅突然譁變，吳于各不相顧，于逃回山東，後來加入東北軍，是另起爐竈。吳折回新野縣，想向張聯陞假道入川。

吳的秘書長張其鍠在南陽買了一匹駿馬，當吳等行抵灰店鋪時，吳要休息一會兒，張要兼程而進，兩人意見參商，結果張跳上馬背，帶著幾名衛兵先走，走到羊腸僻徑半山茅店中藏著一支土匪，遠遠望見一位軍官騎著大馬，有若干行李跟在後面，像是很不錯的樣子，乃拍地飛去一彈，意思是阻止他們前進，想下山刦奪他們的貨財。不料張會錯了意思，以爲中了敵人的埋伏，吩咐衛兵開槍還擊，這一來引起土匪動了眞氣，子彈連珠斑放射出來，張中槍落馬而死，隨從紛紛逃散。土匪跑出來打開行李一看只有一錢不值的幾包文件，不禁『呸』了一聲，把張所佩的漢玉取去。

吳趕到那地點時，張直挺挺地躺在地下，土匪已不知去向。吳的驚痛是不消說得的，他收殮了屍體，揮著痛友的淚，淒淒涼涼向襄河進發。

# 另一知己

郭樑丞是吳的第一知己那麼，張其鍠算是吳的另一知己。郭以未能榮任省長爲畢生遺憾，張則薄省長而不爲。兩人前後都是吳的秘書長同樣獲得吳的敬仰，同樣是吳的把兄弟，同樣不說話則已，一說話不許吳有討價還價之餘地，其中區別吳對郭爲私恩、爲尊師之道，而對張則爲益友、爲尊賢之道。吳的個性強，張的個性更強，強中更有強中手，但兩人之相得如故。

吳對部下不假辭色，雖手握重兵的大將如馮玉祥、王承斌之流對之只能筆挺地站著，雖做過老師的蔣雁行、李成霖之流亦只能唯唯聽命，只有三個例外：除郭、張兩人外，一度任參謀長的軍事名學者蔣方震，吳見之肅然起敬，站起來呼百里先生，待以先輩之禮，可是論年齒吳比百里先生大。

吳對朋友常以老大哥自命：呼齊燮元爲撫萬老弟，孫傳芳爲馨遠老弟，趙恆惕爲炎午老弟，楊森爲子惠老弟。前清官場中有一習慣，督撫呼屬吏爲老兄，那是泛泛路人的稱謂，他若呼你老弟，那就是抬舉你，把你看做自家人了，你切莫回敬他一聲『老兄』，依然要亂喊『恩帥』、『我憲』這類肉麻得要命的稱呼。另有一種習慣，呼兄喚弟往往以爵而不以齒，比方他是你的上司，官比你做得大，年紀卻比你小，那麼他喚你老弟不但不曾辱沒了你，你應當受寵若驚，出而語人曰，『督帥弟我，祖宗與有榮焉』。

吳比張長了幾歲，張是吳的幕僚，吳又是喜呼別人爲老弟的，不當弟者弟之，那麼當弟者更無有不弟之之理了，但是吳不呼張『子武老弟』而呼爲『省長』，向手下人說，『你去請省長來』。天下之省長多矣，無名無姓，倒底去請那一省的省長，姓什麼叫什麼的省長來？可是手下人一聽就知道是請張省長，省長二字好像變成了張的專名詞。不錯，十一年六月十八日黎黃陂曾任張爲廣西省長，其非冒牌省長可知，不過下台已多年，是個『省長店』裏的老古董了，天下之省長雖多，省長之名豈可久假而不歸？這裏又得說上官場上一種習慣：比方做過兩江總督的端方，做過北洋總督的陳夔龍，下台後一般人仍然呼之爲『午帥、筱帥、』你不能罵他濫用名位，推而至於當過廳長的呼廳長至老死而後止，當過縣長的永遠不擺脫縣太爺的頭銜，不僅前清如此，民國時亦已成了不成文的憲法了。

張有書生習氣，本來想叫『二哥』，因吳向之呼省長而不弟，只得改口呼『玉帥』。他是半個湖南人，以廣西人宦游湘省，與譚延闓爲同年（同中進士）民國成立後在譚都督手下任南武軍統領、軍事廳長各職。民九吳師撤防，張是秘幕中一個要角。先是民七北軍入湘後，湘軍退處郴永，衣不蔽體，食不果腹，士卒均有菜色，統兵將領趙恆惕、劉建藩、林修梅等都以爲前途沒有指望了，譚在上海塘山路派張繞道由粵赴湘南察看形勢，這一察看卻釀成了民國歷史上一次風雲變化：他一眼看到北軍中區區代理第三師長吳佩孚是個氣吞河嶽的人物，看到湘督兼第七師長張敬堯之多行不義，皺眉一想，想出個羊陸交歡的計畫。來他打電話請譚回到湘南赴任湘督，隨後請譚派他做代表與吳聯絡。他說，『譚是冰雪聰明，吳是磊落奇男子，兩人應當結合起來。湖南問題是南北問題的大關鍵，譚吳結合可促成南北結合。』

張是湘紳聶雲台的妹倩。聶母是曾文正幼女，聶譚又有通家之好，張自命得傳文正公之衣缽，人自爲詞章之士他是大大不滿的。他任廣西省長時，與桂軍將領軍有淵源，卸任後一貧如洗，想見其個性之狷介。後來以湘軍代表做吳的座上客，與吳暢談兵法，每以曾胡爲圭臬，吳服膺其言，恨相見之晚，與之結爲異姓兄弟。吳後來推崇曾胡，其動機即由於此。

譚斷絃已久，外傳吳想把妻妹歸譚，譚婉詞謝絕，這且不必研究，不過譚張是把兄弟，吳張又是把兄弟，由一位把弟把兩位把兄牽起線來卻是事實。張在衡陽的工作，第一步成立了譚吳休戰協定，第二步參預了吳師北歸聲討安福系的密謀（聞撤防通電爲張所擬。）皖系既倒，湘軍驅張亦告成，譚以駕輕就熟之功派張赴洛陽察看中原形勢。

第一次察看有意想不到的收穫，第二次察看卻成了一去不返的黃鶴。張是個懷抱大志的人，欲假吳的事功爲其飛黃騰達的基礎，雖往返湘洛之間，在洛陽之日反比長沙爲多。他服膺墨子之學，著有『墨子註』一書，又研究命學五年，嘗謂六壬之學無師自通，所以他一方是才氣縱橫之士，一方又係思想落伍的人物。閱者想還記得，吳於投軍之前曾任崇文門外做過賣卦先生，張的癖好正投合了吳的癖好，這未嘗不是兩人相得的一個原因。吳自己推算自己的命理，說可以活到一百廿歲，張替他推算了一下，只許以八十六歲的壽命。拆穿西洋鏡來說，後來吳活到未滿六十六歲，那麼『吳鐵嘴』固然栽了筋斗，『張半仙』亦以改行爲妙。

張由『客串』正式加入吳的『班底』不在吳昂首天外之日，卻在吳寄人籬下之日。十三年吳遁居岳陽時張從上海跑到決川艦上，訪吳，吳邀之『共濟時艱』，張慨然允諾，吳的第二次出山通電便是張的煌煌大筆。話得重覆說一遍，吳是個硬漢，有時卻害怕比他更硬的漢子，每遇一件事張不發言則已，一發言必不讓吳稍有商討之餘地，他的權力比之洛陽時代言聽計從的郭樑丞，勢可炙手的白堅武有過無不及。不過他不輕發言，發言之前對於一問題必考慮至再，認爲天經地義時才敢向吳提出，吳要還債的話，他的武器是個一塵不變的老武器——以去就力爭。吳的手諭有時被他撕成碎片，他閉著口不說明理由，吳亦閉著口不問他的理由。吳再起後曾委馬弁出身的趙子賓爲參議，張在條子上加了幾句批語，『此人若委參議則名氣器不復可重，鍠當辭職以謝天下士』。過了幾天，子賓謁吳探聽虛實，吳說，『我的條子早就交下去了，省長不同意我沒辦法』。直到張死後，吳仍委之爲交際處長。

張的命理說靈不靈說不靈卻偏有一半湊巧的事。他算就他自己於民十六陰歷四月初一難逃劫數，那年陰歷正月吳派易克臬赴郾城與靳雲鶚接洽，時值奉軍有渡河襲鄭（吳駐鄭州）之謠，易與張話別時凄然說道，『此一別不知後會何時』。張亦凄然答道，『也許沒有後會之期了！我流年不利，玉帥亦在坎坷中，我自己最安全的辦法，是回上海閉門著書十年逃過劫數再說，但我能棄玉帥於危難中嗎？我好像攀在船上的桅杆尖兒，從樓梯下來還是讓我自己掉了下來？你不能做樓梯（有薦賢自代之意），因爲你馬上要離開，同時找不到另一樓梯，我只好讓我自己粉身碎骨的掉下吧！』後來吳由鄭洲到鞏縣，再由鞏縣南行到南陽與于學忠會合時，張欣欣然向人說，『好了，我逃過了劫數了』。不料是年陰歷六月初二日死於兵荒馬亂中。（是日爲國歷六月底）

張的樓梯果然是樓梯，後來吳委易爲政務處長，但樓在人亡，豈張所能逆料！張死後，蒿葬於豫鄂之交，譚哭之以詩，有生死誤感恩之句，這因爲譚已做了國民革命軍的元老、領袖，彼此立場已非昔比了。國事大定後，張櫬運往蘇州重窆，譚爲之經紀甚力，壯志未酬墓木已拱，張的親友談及往事，能不爲之凄然！

# 入川

張聯陞不遲不早，於六月二十一日才奉到馮的委任狀，任之爲第三十八路總司令。其就職電中有『待罪之身，……受寵若驚』之語。他想替馮建一大功，恰好吳派代表到老河口商假道問題。張說，『馮總司令要捉吳玉帥，我不能不服從，我得假打一陣做做樣子，玉帥放心通過好了。』吳聽了終覺放心不下，夜間偷渡襄河，渡至中流時倏地鎗聲四起，子彈蚩蚩地紛向渡舟飛來，吳知道這是眞打，張說『假打』是一片假話。但既無退路，只得冒著九死一生的危險，帶領張夫人和衛隊衝殺過去。卻喜偷渡地點在鄂境王家集附近，張部哨兵無多，且不明吳軍虛實，所以吳舟仍得靠攏南岸。渡河後淸點了一下，輜重委棄無數，隨從散失的也很多，身經百戰的吳這次算是最狼狽的一次，也是死中求活的一天。

事後張向馮報告『圍剿吳逆經過』的江（七月三日）電略云：『飭孫旅於太平店一帶布防，封鎖由老河口至襄陽一百八十里之河道，並於南岸各渡口配置監視線，飭葛旅由樊口西北鄂豫交界處探聽。不意該逆由楡林關向南逃竄，偵悉太平口設備甚嚴，乃又折回王家集，搜得渡船一支，滿載目兵三十餘名，以手提機關槍及盒子砲搶渡。查南岸全係沙灘，毫無據點，吳逆遂率百餘人向南漳逃竄。是役擊斃逆軍三十八名，生擒逆員葉桂森等，我軍亦陣亡十三名。』觀此則張以全副精神布下天羅地網想把黑運大將軍擒獻於紅運大將軍之前，而襄河之不爲烏江，吳之不爲項羽者幾希。

吳抱定入川之一念，經過鄂北時只揀荒僻小路走，避免沿途防軍的截擊。所謂荒僻小路就是土匪路，是普通人足跡不到的地方，有時無路可走，須從這座山頭翻到那座山頭，仰攀俯爬，其艱險較之鄧艾度陰平時有過無不及。帶路人是土匪的眼線，沿路無給養，所有糧秣也是土匪供給的。每過一寨，吳命嚮導人持大紅名片一紙，上書『吳佩孚』三個大字高高舉在手中，像一張通行證，果然一路得了土匪的照料，由保康之歇馬河經秭歸之周家嘴，七月十三日安然行抵巴東。

那時陽森駐萬縣，由夔門、萬縣到巴東、秭歸一帶都是他的防地。他已改稱國民革命軍第二十軍軍長，吳尚一無所知。到巴縣時楊派代表白駒、熊養茲來迎，指定夔府爲吳駐地。吳的舊部紛紛從間道來歸，聯文武官佐、兵士、眷屬等湊合了五千人之譜。

楊之迎吳其動機爲私交，然已改幟爲革命軍，私交與公誼苦難兩全。他一面打電報給中央，一面向四川各將領疏通，保證吳之入川純爲游歷及休養性質，不作任何政治活動。楊把這意思告吳，請吳通電表明心跡。吳諒解楊的環境，居然打了一個『不聞理亂』的電報。但是游歷來那有帶五千隨從徜徉於山水之間的中央對吳雖可表示寬大但武裝部隊則非解散不可，而川、人則以爲供給吳個人的旅費不成問題，卻不容以四川資財供養客軍。楊做好人想做到底，不忍繳吳的械，但事實上又非繳械不可，想來想去只好以緊縮爲由勸吳『裁兵』，而一勸再勸之結果勸得吳的火性幾乎發作起來，『當年擁兵數十萬，何其盛也，現在只留得五千老弱跟著我東流西蕩，一旦棄之如遺，叫他們到那裏容身！

『人在矮屋下，怎好不低頭』，吳不能不尊重楊的意見。他採取一種折衷辦法，把機關鎗一挺一挺的，步槍一支一支的做禮物，甲將領處送幾挺，乙將領處送一批，好像說『繳械而不裁兵，這確乎可以證明我是無政治野心的了』。

一天正當愁思如麻時，忽來不速之客——日本第一遣外艦隊司令荒城二郎少將、海軍駐滬特務機關長佐藤秀大佐、率將十五六人由宜昌乘小型艦到白帝城訪吳，表示（一）願供給私人借款一百萬，（二）贈步鎗十萬支、小炮五百門、機關鎗二千挺，連同彈藥等由小型艦運入川境。吳答，『過去我有鎗不止十萬，有錢不止百萬，尚且一敗塗地，可見成敗是不在乎這幾個錢這幾支鎗的。我要借外債，引外援，何必今日？國事國人自了，盛意所不敢承』。

吳自覺在白帝城易惹各方注目，爲解除東道主困難起見，有移居萬縣之必要。楊不以爲然。後來一再商量，楊決定請吳移居大竹。大竹是楊部師長白駒、范紹增的防地。吳過萬縣時曾登岸訪楊，楊予以盛大之歡迎。由萬縣到大竹經過梁山，是楊部另一師長吳履謙的防地。履謙向吳告密，『惠公有解除玉帥武裝之意，我的意思是先下手者爲強，我們願一致擁護玉帥。』吳連連擺手說『不好不好，我是客人，決不幹這喧賓奪主的事。』

但楊部師長吳、范等與楊政見不合，欲以擁吳爲名，屢在大竹有所密議，事爲吳所聞，派劉永謙、陳廷傑調停其間，結果吳履謙被免職，范師由劉湘收編，一場風波雖告平息，但楊對吳的一片苦心不僅不知感，且疑吳爲從中搆煽之一人，吳陷於笑啼皆罪之苦境。

那時吳的『參謀長』蔣雁行不辭而去，以劉永謙繼任，並以陳廷傑爲『祕書長』。陳是四川人，民國初年一度爲四川巡按使，川中各將領與之均有淵源，劉存厚把他介紹給吳，吳命之與各方聯絡，直至吳在北平病逝時未曾離去。

## 參謀長的來歷

遠在前清『中興』時代，彭剛直打聽得某大收藏家藏有岳武穆所書弔古戰場文手卷一冊，後有文天祥長跋，珠聯璧合，的是珍品，遂派人向之借閱。那人想『借閱其名，此物將一去不返矣，』他不願割愛，推三阻四地不肯拿出來。彭急了，向他聲明（一）本人決不做風雅賊，（二）借閱以兩月爲期，那人卻不過彭的情面，只好委屈答應。彭在西湖退省庵把這墨蹟上了石，當時各名人均有題跋，他們自慚形穢，不敢附於原件的文跋後，都寫來刻在石頭上。事後彭把原物還給主人，附帶送去兩張搨片，這一來倒使物主增加了不少的聲價。這墨蹟像一個流蕩者，輾轉落在劉瑩澤的手裏，劉當過四川財政廳長兼代巡按使，因案被緝，躲在北京細瓦廠友人蔣雁行的家裏有三月之久。

該案經解釋取消通緝令之後，劉無以爲報，知道雁行愛好古董字畫，便把這件珍品獻給雁行，自以爲是個天大人情。不料雁行是個不識貨的，當禮物送到時，他的鼻子裏哼了一哼，『你不送我東西還不生氣，送我假字畫就無異於騙我，把我當瞎子。』他信手一擺，擺在塵封已久的櫃頂上。

雁行不試貨大大有名，這裏得提到一段往事。當袁世凱任北洋大臣時，曾向德國克虜伯廠定購大砲，運到時口徑不合原來德國軍火業常把本國不用之物賣給人家，倘被人發覺，暗中買通經手人叫他們馬馬虎虎收下，往日如此，今日亦然。袁接得德國砲與定貨不符的報告信手一批『蔣參議查覆。』雁行想不到這是一場美差，只覺得外國人士不好得罪的，『公事公辦』本來是一句騙人的話，對本國人尚且不必認眞，那麼對外國人何必板起面孔來。

德國人滿臉堆下笑容來，和他拉手拉得緊緊地，請他吃大菜，灌了不少的迷湯，請他通融一下，雁行滿口答應，果然馬馬虎虎拉倒。德國人覺得這筆買賣做得太順手了，偷雞偷到手不必說，連一把米都用不著，越想越覺過意不去，便把半打呂宋烟（每盒二十五支）送給雁行以表謝意。

不久段祺瑞調任江北提督，以雁行爲提督衙門總參議。雁行取道運河南下時，後面有一條船緊緊相隨，傍晚繫舟於綠楊提岸，從後船中跳出一個漢子跨過船來拜會雁行，雁行認得是袁的紅人張鎭芳。兩人寒暄數語後坐下來談天，蔣抽出一支雪茄烟來敬客，張贊不絕口地說『你的烟太名貴了。老實說，我附於寶舟之後，一路香風習習，就知道你抽的是一種極名貴的雪茄烟。怎麼，你……』他話未說完，忽把眼睛死死盯在艙面上看見扔掉了的橫一支豎一支半截雪茄不覺驚得跳了起來說，『濱丞（蔣字，）你竟浪費到這步田地嗎？這東西是極名貴的，你得愛惜點才是。』

天下事往往如此你吃宣化火腿，你覺得不過爾爾，倘有人說穿了這是宣化火腿時，你吃起來就覺得其味異乎尋常了。後來雁行把德國人所贈的雪茄抽完，後市上購來的雪茄無論怎樣抽起來總覺不對勁，越覺前此所抽者之名貴。他派人拿著舊烟匣到處打聽，想買同一廠的出品，可是東家搖搖頭，西家擺擺腦，他不由得倒抽了一口冷氣。

當提督衙門派拆官赴津採辦貨物時，雁行想，『好了，買同樣雪茄要往天津去買，假使再買不著的話，問那個古怪德國人便知』。他把這意思告訴了差官。

當那個差官回到江北時，箱簍裏裝滿了各色貨物，只缺少雁行所購的雪茄煙。雁行問，『你會見了那個德國人嗎？』差官說，『怎麼沒會見？他說你抽得太快，這東西莫說天津無處買，即伯林亦買不著。他還說了一段故事』。雁行一面抽著不名貴的雪茄煙，一面說，『好，你把故事講給我聽』。

差官說，『他說那種雪茄是德皇威廉一世的特製品。你幫過他一次大忙，所以他千方百計地搜集了半打送你。他說從前李鴻章到柏林時，德相俾士麥拿那種煙款待他，李欽差和你一樣，不把它當作帝王家珍品，乘馬車出遊時胡亂地拿出來抽幾口，胡亂地把大半截向窗外一扔。德國御林軍軍官知道了此老的習慣，特地派一名差官騎著馬跟在李欽差馬車之後，李欽差仍了一支他們拾起一支。也許一天拾得幾支，也許一天撈不到什麼。』

這段故事是雁行自己說出來的。從此他自命精於此道了。當霞飛將軍觀光北京時，（十一年二月二十五日，時北政府授以一等文虎章。）雁行正做著參謀次長，總長張懷芝叫他招待這位名震寰宇的法國上將。他知道外國最名貴的人要抽最名貴的雪茄煙，派人鑽頭覓縫去買，要買最名貴的一種，結果買來的一盒花了五百元之多。事後張查出這筆報銷，罵庶務揩油揩得太利害，庶務說，『要揩油不是我揩油，是次長買來的。』張張大著眼睛問雁行，『怎麼雪茄煙這樣貴？』雁行笑著說，『這太便宜了。』他吃過虧，充起內行來，把自己的經驗向他的上司說了一遍。

故事越扯越長，這裏是吳的傳，不是雁行的傳，現在應寫到雁行與吳的關係上。吳在洛陽做壽時，蔣和一位友人商議道，『我做過子玉的老師，子玉壽辰我得送點禮物，送什麼好？』

那位友人說道，『吳二爺不好貨財，送他的禮不如不送的好。各方禮物他是一概收下，但他對於那耶人送禮，送的那些禮他是一概不知。我說一段故事，去年廣西將領派代表到洛陽，代表動身時大家商議帶點禮物去，帶洋貨不好，吳最不喜的是外國貨；帶珍珠寶貝不好，同樣不是吳所喜的東西。想來想去，他們想著了一個主意，吩咐代表過湘時親往瀏陽採辦女兒機（夏布最精品）十疋，這是眞正本國貨，也是別開生面的一種禮物代表到洛陽獻了禮物時，有各省來賓數人在座，吳打開夏布一看，甲說織工細緻，吳信手抽一疋贈甲乙趕忙地說色澤妍白，吳又贈了一疋，由是而丙而丁而戊，一會兒夏布贈完了，來賓也走光了，只留得廣西代表翻著一副白眼出神。

雁行說，『話雖如此，咱們多少總點送一點，這是人情世故當然的事。』

友人說，『要送呢，有一件東西可送，你放在櫃頂上的那兩套手卷。』

雁行說，『不成話，不成話。劉某人不夠朋友，把假字畫送我，把我當瞎子，難道我把虎踞洛陽的吳大帥也當瞎子。』

友人說，『據我看，那東西不是贋品，是一件稀世之寶。』

雁行連連搖頭說，『這東西騙得過你們肉眼，那能騙得了我。我別的不敢誇口，我玩古董字畫玩了幾十年，難道看不出眞假！』

友人笑著說，『眞假姑不論，這個是唯一可送之物。送人情應抓住對方心裡，有時送萬金禮物不如送一角錢禮物來得恰當。我說過，吳對於任何禮物都收下，而且都不過目，只有這東西非過目不行。吳以關岳自命，岳字再配上文跋，不啻錦上添花。』這段話倒把雁行說動了，他依著友人的指示，派人持著手卷再琉璃廠二友山房重裱了一下，費時兩個月，裱工達二百八十元，然後鄭重其事地派人送往洛陽去。

吳打開手卷一看，雖然胎層都是黃麻紙，卻也不認作眞的，吩咐秘書照例寫了一封謝函。那時康有爲在洛陽，偶被他看見，不禁極口稱贊，許爲『禮物中之第一件』，吳大喜過望，吩咐秘書再發一通長電，再三致謝雁行，且邀赴洛陽一游。雁行接了第一次泛泛的謝函不感什麼，接了第二次長電後不覺怔了一怔，又把那位友人找來問，『那手卷當眞是眞的嗎？』

友人說，『怎麼不眞不眞不是把吳子玉當瞎子嗎？』

雁行搓手頓腳的說，『可惜，可惜。你怎樣不早說？這件寶貝是從我手掌中溜走了。你眞不夠朋友。』

友人笑著說『不是我不夠朋友，是肉眼不敢與法眼爭。這些話不必說，假使你認作眞的，你斷乎割捨不得，做人情不能做假人情，假人情換不著眞交情。』

雁行無話可說，只露著一種不樂意的乾笑。後來第二次直奉之戰，吳兵敗南下，雁行的隆重人情差不多付之流水了。不料吳到黃州時又有再起的呼聲，雁行從北方南下訪吳，因此又成了患難之交。吳在查家墩組織司令部時，畀以總參議名義。

百里先生勸吳懸崖勒馬，吳不能用其言，提筆一揮，解除了百里先生的參謀長職務，以雁行繼任，姓蔣的參謀長還是姓蔣的參謀長。雁行與吳有著深切關係，第一爲師生，第二爲患難之交，第三還有一筆人情，吳對百里先生敬禮有加，那麼對雁行亦當另眼相看了，可是事實上吳絕不假以詞色。當吳北上停車於長辛店時，左右說誰家有好筆，吳一連呼著『叫參謀長買筆去』，左右說誰家有好書，吳又呼著『參謀長快買書來』。前文說過北方軍人把副官長當作馬弁頭兒，而參謀長一席則等於演義上『軍師，』是有著相當崇高之地位的，可是雁行做參謀長等於做副官長，老師之尊，參謀長之尊，而吳視之蔑如。

不過尊不尊是另一問題，吳保舉他做了一任陸軍總長，不能不算是兩冊手卷的報酬。雁行一面做總長，一面兼任吳的參謀長，直至吳二次失敗後，隨之入川。吳在大竹時，張夫人與雁行大鬧意見，當著大衆罵雁行事『壞蛋，』吳連連擺手說『不成話，不成話，他是我的老師，壞蛋老師教不出高明弟子來』。

張夫人指手畫脚說，『什麼老師，他想篡起我的位子來了！』。吳提筆畫竹，裝做不曾聽見的樣子。

與其當壞蛋，不如早早滾蛋的好。雁行收拾了行李，人不知鬼不覺地由四川順流而下，到了上海，轉輪再往天津，向吳景濂借了五十大洋，回到北京來，像做了一場奇夢。而那件岳武穆手卷呢，吳後來徧尋無著，大概於退出武漢時忙亂中遺失了，不知又落於誰何之手，不知尚能換得陸軍總長一席否。

# 北上

曹吳兩人雖有渾厚與精悍之分，亦頗有相似之處曹在保定有光園，吳在洛陽亦有光樓，曹在開封畫梅，吳在四川畫竹。十五年吳退出武漢時，曹南下到鄭州與吳相見。（是年九月二十七日）其時吳以京漢路車站爲司令部人多屋窄，請曹移居開封，曹是老大的不願意。一則兩人各都經過一場患難之後不願相離，二則曹素不喜寇英傑之爲人，不願與之朝夕共處。但願否是另一問題，吳的畫曹是百依百順成了慣例的，只好忍著一肚皮悶氣到開封來，下榻龍亭，以畫梅自遣，自號說『樂壽老人』。他一面畫梅一面向訪問者絮絮地說，『玉帥不能離開我，和我不能離開他一樣。他離開了我，許多事他準辦不了』。此言似平常而確有見地：曹渾厚不遭人忌，吳則恃才傲物，二人寬猛相濟，過去成就了直系鼎盛一時的局面，單是一人是幹不了那番事業的。不過曹自恢復了自由以來，吳已有江河日下之勢，所以吳只能以開封爲『總統』盤桓之所，曹亦只能佇立於潘楊二湖之濱，或徘徊曾公祠自遣，直至吳離鄭時始匆匆赴徐州，過魯而抵天津。

吳在大竹時所居爲芝蘭堂，係一舊式五開間七進房屋，其眷屬居最後一進。其毗連之一進則爲起居室，置一長几，是吳畫竹之處，左右側屋分駐衛隊。由萬縣過梁山至大竹，沿途常有綠漪漪一片竹林，而大竹所見尤多。吳作畫雖不精，而涉獵頗廣，非畫竹專家，他之畫竹是對景揮毫。每成一幅輒題『彭公畫梅我畫竹，此友千秋思不足』之句。大竹士紳重吳之大名，請之畫丈二尺巨幅，刻在石頭上永留紀念，吳欣然應允，接紙一氣呵成，是吳畫竹的精品。不料畫成時未及上石，被羅澤周一鬧，吳匆匆離境，這幅畫落於秘書張佐庭之手。張是老秀才，與吳同學、同鄉、同榜，投吳多年，所入常不足贍家，其人之清高可知。奇的是相從如此之久，且關係如此之深，家境如此之窮，而吳曾不爲之謀一優差，吳之奇與張之清堪稱雙絕。

張取得這幅畫由於吳之贈與。吳匆匆出走時命之加意保管，他果然看得比自己性命更重，從四川一直保管到北平，然後恭而敬之地還給物主，吳不覺爲之感嘆。時值章太炎來訪，吳請之題詩一首，即慨然持以贈張，說『你愛這幅畫，你就保管一輩子吧。』張隨著老同學一輩子，所得止此。自吳殂謝後，張年已七十，僦居北平後門破廟中，除畫外一無所有。

羅澤周驅吳之一幕，其動機由吳之以槍枝爲禮物而起。楊子惠勸吳裁兵，吳不肯裁兵而自動地繳械，把槍炮分贈給川中各將領，只忘了『羅烟灰』這個角色。羅的防地是距大竹不遠的廣安，各人均有沾潤，何以獨不把高鄰放在眼下，這或者是吳的一時疏忽處，因此激動了羅帶領人馬來『奪槍，』而奪槍在往年的四川原不算一回事。當吳入川之始，反對之聲四起，然反對者自反對，百足之蟲死而不僵，以吳爲偶象而敬之重之者尚不乏其人。及其有久居巴蜀之意，正所謂『黔驢之技已窮』，所以羅以爲吳不把他放在眼下，他同樣不把吳放在眼下。川軍有不少以奪槍起家的，那時每一防區都有兵工廠和造幣廠，無論官軍和土匪，甚至團長以上都有這兩套本錢。造幣廠鼓鑄當十、當五十、當百、當伍佰、當半元的銅幣，也有把當百銅幣剖分爲二各當五十制錢的，惟銅幣之厚薄不同，模型不一，所以各人所鑄者只能在其防區內行使，而當時預徵錢糧至民國四十年以上亦爲川中司空見慣之事。兵工廠只能造土毛瑟，招募漢陽兵工廠（或其它工廠）失業工人擔任，其製品外形相似而槍眼不正，放射數彈後即有發熱爆裂之虞。子彈雖亦能仿造，但以彈殼不易得，所以拾彈殼一事亦爲當年川中普遍的風氣。羅的防地與大竹隔著一道嘉陵江，吳逃出大竹時，匆匆向綏定城出發。

綏定是劉存厚的防區，那時四川全境一片青白旗，只有劉的防區仍掛五色旗，劉亦爲軍長，其弟肇乾爲師長，弟兄合起來不過萬把人，實力兵微將寡，在川軍中爲一無足輕重的角色。吳在大竹被逐時，劉以爲吳與羅澤周之間既已發生誤會，爲避免開罪於羅起見，不敢開關延納，幸賴陳廷傑從中說項，才指定以綏定城外檀木場爲吳的駐地。不久國府完成統一大業，全國除東三省外再無獨樹一幟的軍閥了，劉自知站脚不住甯下野不願改旗，遂把部隊交給乃弟肇乾接管。

二十年九月吳到成都與川軍各將領敘舊。正當其時，九一八事變發生，他不願老死巴蜀，決計離川北上，以錦州爲其目的地。他爲什麼要到錦州呢？這裡頭有一段莫名其妙的情節：吳自入川後，舊部風流雲散，從北方來川的人，都說于孝侯還是『大帥』的基本隊伍，當年于投奉時曾提出條件，『倘玉帥出山，吾當棄此而往就之，』一如三國演義關公對曹的故事，吳信之不疑。再則當年吳與張作霖有金蘭之好，學良視之如前輩，所以他認爲奉軍亦可供其調度。說起來値得一笑，十六年吳在鄭州時奉張曾欲以奉軍交給他指揮，他岸然不理，而現在他的心情爲之一變，卻想自己找上門指揮別人的隊伍了。

他想到那裏做到那裏，即由成都率領衛隊及家屬等取道松潘北上。過蘭州時曾與劉郁芬見面。旋經甯夏、內蒙而至五原，沿途備嘗艱苦。但較之當年入川時之步步荆棘，卻自不同。陝北師長井岳秀派兵一營把他護送到大同，來閻錫山派代表王靖國往迎，邀吳至和平村一聚。吳的脾氣還是那個老脾氣，覺得閻頗不夠味，『他是東道主怎不親自來迎，』代表說閻正患著寒疾，吳想『多年沒見的老朋友，倒屣出迎之不暇。一點點寒疾算什麼。』他下車只在中國銀行胡亂吃了一頓飯，馬上回到車上，吩咐專車向北平進發。『車是張學良備好的，畢竟世誼還是世誼，比之泛泛老朋友大不相同。』

小除夕（舊曆十二月二十四日）到了北平，西直門車站上黑壓壓布滿了歡迎羣衆，軍警步哨林立，隊長長條兒擺齊立正音樂洋鼓嗚嗚咚咚地奏起來，『嘿，這才眞正夠味呢!』學良滿臉堆下笑來，趨前一步和老前輩拉手，吳的舊部那時做了平津衛戍總司令的于學忠也過來拉手。吳劈頭一句對學良說，『你怎麼不打?』學良愕了一愕，半晌才答道，『咱們力量不夠。』吳脫口呼道，『現在我來了，力量就很夠了，軍人最大力量是個死字!』學良勉強浮著笑容說，『老伯來了，一切好商量。』

吳不是存心調侃學良。他以爲『人家待我這麼好，我不能對他說假話。』那知吳的人生體驗仍不足，人類自呱呱墜地以來即無往而不『假:』父母對小兒女說著假話，夫妻假情假義推而至於人與人之間，國與國之間無不戴上假面具，若要不『假，』只有跳出這個『假世界』才成。當時盛傳吳不與學良共乘一車，卻鑽進了于的汽車裏，害得于手足失措，怕以此見疑於學良，這倒不是事實，他乘著特備車直接開到東城什景花園私邸。不過于對於這位不合時宜的老上司抱著『敬而遠之』的態度也是事實。于處境確甚困難，除年節登門一賀外，平日形跡頗疏。吳以關公自許而又以之許人，然而關公只演義上才有，『假世界』裏那能找出眞關公來。

他到北平的俄頃，就知道到錦州的夢做不成，天下烏鴉一樣黑，夠味的烏鴉一個沒有。他的衛隊不許下車，更不許進城，打電話給于，于再打電話請示副司令後才把幾百個『田橫之士』帶進城來。

自二十一年至二十五年，吳在北平過的生活都是苦悶的生活，其生活費均由北平軍事委員會分會支給。其間軼聞趣事甚多，作者已在『新語林』一書發表（中華書局出版），此書無疊床架屋之必要。有一點值得一寫，他從來未『下野』，過去以舟車爲『大帥行轅』不必說，後來到四川，到北平，仍然關起房門來做大帥，各處『處長』一仍其舊。其中最著者爲參謀長張方嚴，祕書長陳廷傑等。『處長』『處員』不分等級，每月薪水一律是大洋五元，封在紅信套內，由『軍需處』按名分發。你想不受嗎，那就是看不起『吳大帥』，看不起『吳大帥』何必到『大帥』公館當『處長處員』！

吳之不下野，是不肯以『過時人物』自居，且雄心勃勃，以爲遲早還有第三次用兵關外的大好機會，其撤防歌詞中所謂『恢復舊山河』等語，終有實現之一日。他有時亦覺他做了『政治俘虜』了，實實在在，他對環境、對時機均不理解，欲逞匹夫之勇，乃作怨天尤人之態，直至老死，對人生體驗終嫌不足。

其時所謂『華北自治運動』高唱入雲，有人想把這尊偶象抬出來做佛蘭哥將軍第二。吳艴然作色說道，『自治者，自亂也。自治者，人治也。』他情願關起房門做大帥，不肯閉著眼睛做傀儡。他要做關、岳、文、史一流人物，不做什麼外國將軍。

二十六年秋天，趙炎午有信來勸「子玉守身如玉」吳又艴然作色說道，「炎午太不夠朋友」那時他的環境卻很惡劣，有人勸他遷地爲良，他以蓬萊既不可居，而又始終不拋棄其「不住租界」的信條，覺得無處可走，且亦無走之必要。不錯，他的確是一個光桿大帥，但有著最大的武器帶在身上，必要時也許用得著，這件武器就是一個「死」字。

二十七年以後各方人士出入其門者更多，他的最大本領就是從前對付奉張的那套本領——一言不發。是年江天鐸由滬到平，便道來訪，（江曾任吳的副秘書長，其名義爲秘書處幫辦）代述行政院長孔祥熙殷殷繫念之意，孔與吳私交頗厚，吳向之深表謝意。

莫說別人不了解吳，連他的患難夫妻有時也不了解他，他的相從有年的幕僚有時也不了解他。二十八年九十月之交，他的心境更苦悶，脾氣更大，往往徹夜不眠，曾力批夫人之頰，兩目爲之盡赤，右頰漸感腫痛。十二月牙疾復作，張夫人從天津找到中醫郭醫生來，投以石膏二兩，想平平他的火氣，服從如痛如狂，闔宅爲之不甯。十二月四日症象更惡，急延日醫開刀，卒以毒入神經不治而死。死後政府爲之褒揚，國人爲之雪涕，今後名垂青史，眞無愧於關、岳、文、史了。

早年吳不得罪於劣紳，不會討出故鄉來，也許在故鄉鬱鬱以死，最後仍不免在平鬱鬱以死，但與春花同落，秋草同腐者自大有區別。他自信可活到一百二十歲，從他的精神體力上看起來，絕無衰老之態，似有修齡之望，乃以癬疥之疾，僅以六十五歲撒手而去，良由對國事憂憤成疾，其精神則永存不滅，足以追先烈而勵來茲。

中華史地叢書

# 吳佩孚傳

1912

作　　者／本局編輯部
主　　編／劉郁君
美術編輯／本局編輯部

出 版 者／中華書局
發 行 人／張敏君
副總經理／陳又齊
行銷經理／王新君　林文鶯
地　　址／11494 台北市內湖區舊宗路二段181巷8號5樓
客服專線／02-8797-8396　　傳　真／02-8797-8909
網　　址／www.chunghwabook.com.tw
匯款帳號／華南商業銀行　西湖分行
179-10-002693-1　中華書局股份有限公司

法律顧問／安侯法律事務所
製版印刷／維中科技有限公司　海瑞印刷品有限公司
出版日期／2019年11月台三版
版本備註／據1983年2月台二版復刻重製
定　　價／NTD 300

國家圖書館出版品預行編目（CIP）資料

吳佩孚傳 / [中華書局]編輯部作. -- 台三版.
-- 臺北市 : 中華書局, 2019.11
面 ;　公分. -- (中華史地叢書)
ISBN 978-957-8595-84-2(平裝)

1.吳佩孚 2.傳記

782.885　108015302



*NO.G2004*
*ISBN 978-957-8595-84-2*